Tietäjä

Tietäjä

Markku Savia

Tietäjä

FB-rujoutta

© 2020 Markku Savia

Kansi ja kuvat
© Timo Vuorikoski

Kustantaja: BoD – Books on Demand, Helsinki, Suomi
Valmistaja: BoD – Books on Demand, Norderstedt, Saksa

ISBN: 978-952-80-2191-9

Hyvä kirjan lukija,

käsissäsi on harvinainen runoteos. Sen sisältö on koottu Tie pitäjä vala FB-sivustoon kirjoitetusta rujoudesta. Lähes aina Olvi muusana ja metallimusiikki taustalla.

Runoja poimitaan polkujen varrelta. Jos tarvitset parannusta ja vilvoitusta, kerää sulosäkeitä tutuilta ja kauniilta järvenrantareiteiltä. Runoihin tarttuu aamuisia auringonsäteitä.

Jos olet jo vahva ja voimakas, polkusi on tuntematon. Lähde matkaan varjojen herättyä näkymättömiin. Polkusi kiemurtelee synkkään viitaan. Kaikki mitä kohtaat, on uutta. Löydät aarteita tai aarteiksi naamioitunutta tuhoa.

Kalevalan laulumailla, kaikkia runoja ei ole vielä veisattu. Vahvuuttasi tai voimakkuuttasi ei mitata miekan painolla. Vaan Sanojen mahdilla.

Valitse polkusi!

Kannen ja kuvat on tehnyt taiteilija Timo Vuorikoski.

Helsingissä 11.2.2020

Markku Juhani Savia

RUNOKIRJA

Tietäjä

Sisällysluettelo

OSA I

PROLOGI

Tämä ainoa jäljelle jäänyt runo aidosta kadonneesta Kalevalan tarinasta, nykysuomentamani. Alkuperäinen runo on kirjoitettu Ulfberhtin hiilellä, aikaa vaivoin kestäneisiin, koivutuohiin. Harvinaisella - harvojen ymmärtämällä kalevalansuomella.

Runon keskushenkilö on saapunut idästä. Reittejä pitkin, joita myöhemmin kutsutaan Varjagien idäntieksi, viikinkien kauppatieksi. Tapahtuma-aika on noin 600-800 jKr.

Älä kysy. Älä ihmettele, miten teksti on nyt tässä luettavanasi.

ULFBERHT

Seppä / damaskolaismiekka kupeella
matkalainen sieltä / missä aurinko kapaloi
nuorimpaisempansa
kultavöihin

Seppä / kädessä kirja
Kirja / täynnänsä Otavan valossa hohtavia
kiemuraisia taikakirjaimia
Nahkanyssäkässä outoa metallia / salaista hiiltä

Ulfberht / matkalainen

Tullut on
maahan graniitin mullan puun
Tullut on
tekemään / takomaan uutta aikaa / Kalevalaan

Uutta Miekkaa!
...
Seppo
Yön pimeydenpihan herra
Ahjon mestari
Uunin lämmittäjä
Ulfberht hänelle / miekanteon uuden opettaa

Ulfberht
Lämmiittää uunin
mustalla valkoisella koivulla
Sariolan setripuulla

Ulfberht
Takoo miekkaan muinaismeren pohjavirtojen viisauden
Takoo miekkaan maanjäristysten voiman

Takoo miekkaan / näkymättömyyteen kätkettyjen /
mäntymetsien
petojen hampaat ja kynnet

Kaikki katsovat

Uutta Miekkaa!
...
Sepolle neuvotaan
kuinka uuni lämmitetään
Kuumaksi kuin yöttömän yön
aurinko

Sepolle neuvotaan
kuinka hiili ja rauta yhdistetään
Voittamattomaksi / yöttömän yön
aurinkoteräkseksi

Sepolle neuvotaan
kuinka miekka talvikyykäärmeen myrkyllä / valkoisella
karkaistaan
Voimaa miekkaan manataan

Kaikki ihastelevat

Uutta Miekkaa!
...
Valmis on Miekka
Lappeessa asteittain levenevä veriura
Valmis on Miekka
Juomaan elävien / kuin kuolleidenkin / verta

Valmis on Miekka
Jota ei voi kantajansa kuoleman jälkeen taivuttaa
Jonka voimaa ei voi ehdyttää
Kostoa tuonpuoleista estää

Valmis on Miekka
Jossa pala karhun palanutta siitinluuta
Ilveksen korvatupsua
Huuhkajan huhuilua

Urhon tuppeen asetellaan

Uutta Miekkaan!
...
Kurjen / suolla yhdellä jalalla seisovan
siipihöyhenellä
Ulfberht kiillottaa
Miekan

Antaa Miekalle nimen
Jumalalta saadun

Takoo sen voimalla / tulisilla kohokirjaimilla

SAMPO

Koristaa se

Uutta Miekkaa!
...
Katsahtaa ylös taivaaseen Ulfberht
Isra / Yö
Aika astu polulle horisontin
Pohjolan Yön

Hän on muuttanut
Puun luun mullan ja kiven maailman
Teräksen maailmaksi

Ulfberht

SANAN MAHTI

Pihapiirissäni
Ei ollut porttia

Maineeni oli vahvempi / kuin
Yksikään este

Suteni joivat samasta vesilätäköstä

METALLIPÄÄ

Minulla oli metallipää
Vaikka hakattiin irti
Ei ruostunut
Verisateessakaan

Hiusjuuret / kuin pyhän setripuun
Imivät kaiken

Tunnustan
Vaikka kaksi kertaa
Täällä ja tuonpuoleisessa
Metallipää
...
Pyhä setripuu
Kasvoi taivaan peittäväksi
Juuret / pyhän setripuun
Imivät kaiken

Purppurainen hiekkakin / kuoli janoon
Imivät kaiken
Tunnustan

Vaikka kaksi kertaa
Täällä ja tuonpuoleisessa
Metallipää
...
Pääni varjo ei ruostunut

HAUKI

Valtakunnassaan
Ei puhunut
Ei pystyssä kulkenut
Tehnyt työkaluja / ollut myötätuntoa

Valtakunnassaan
Lähdejärven rantamatalassa
Vaanimassa
Vedenalaismaailmassa

Hiljaisuuden maisemassa
Seitsemänsataa hampainen
Järven kyy
Suuri Gädda

Piilossa
Kuin hämähäkki
Myrkyttäjä
Väijyjä
...
Hannunvaakunasolkinen / Tietäjä iän ikuinen
Haapiota / ikivanhaa vesivempelettä
Haavasta koverrettua / taidolla telsottua

YÖTTÖMÄN YÖN LASTEN JUHLA

Sarvilintu laulaa / harmaa emo soittaa pajupilliään
Yöttömän yön lapset tanssivat mykkyyttä teeskentelevän
kiviröykkiön
Ympärillä
Pihlaja halaa koivua / auringon mesiviitassa

Harmaa emo / emännän leveän vyön kantaja
Ojentaa pajupillin tyttärelleen / esiliinaiselle
hannunvaakunaiselle
Pihlaja halaa koivua / mesiviitassa hunajaisessa
Yöttömän yön lapset tanssivat

Tanssiin yhtyy väkeä metsän / sammaleista jäkäläistä
naavaista
Sarvilintu laulaa / surun tuskan talven loskaisen
pimeyden
Pihlaja halaa koivua
Auringon mesiviitassa
…
Sarvilintu laulaa / kiviröykkiö soittaa pajupilliä
Yöttömän yön lapset tanssivat kiviröykkiön
ympärillä
Pihlaja halaa koivua / auringon mesiviitassa

Esiliinainen hannunvaakunainen / vihdan koivusta punoo
Ojentaa pajupillin nuorelle tyttärelleen / silosäärelle
pienelle aivinalle
Pihlaja halaa koivua / mesiviitassa hunajaisessa
Yöttömän yön lapset tanssivat

Pajupillillä silosääri pieni / soittaa / sadepilven
Päälle hiiden kiukaan
Vihdan / esiliinainen hannunvaakunainen
kiviröykkiöön heittää

Post scriptum
Runo on omistettu kaikille naisille elämän luojille /
ylläpitäjille
Juhannus on Teidän juhla

MECKLENBURGIN TIILIMESTARIT

Seitsemän Mestaria Svean Tawastiaan
Savea kaulitsemaan / linnaa ja Hattulan kirkkoa
muraamaan
Taivaan tempeliä / vanhojen jumalien laulumaille
Tanhuille puujalaskelkkojen / kirjoittamattoman viisauden

Mecklenburgin tiilimestarit / seitsemän miestä
Puolen miehen pituisia / kahden vahvuisia
Sunnuntaina lepopäivänä / heittelevät
Seitsemän sivupinnan noppia

Tiilistä vanhojen jumalien auringon kuivaamista
Muuraavat alle
Asehuoneen kirkkosalin sakariston
Salaisuuden

Yöllä tekevät työtä salaista
Holvaavat muuraavat sellaista
Jota ei ihminen pysty
Katsella
...
Seitsemän tiilimestaria
Kirkkoa harjanteelle rakentaa
Eteläpuolen järvessä
Soistunut saari / öisissä oudoissa valoissa

Väitetään Seitsemän
Saaren soistuneen / kalliokukkulalta
Vanhojen jumalien
Luolansuun / löytäneen

Laulajien mukaan
Luolan suun takaa laakso
Lammella ja metsällä
Avautuu

Yöllä tekevät työtä salaista
Holvaavat muuraavat sellaista
Jota ei ihminen pysty
Katsella
...
Laakson mäntypuista
Tiilimuotteja veistävät
Lammen savesta
Vanhojen jumalien auringossa / tiiliä kuivattavat

Ei ole muurauksessa / pyöreää ei kulmikasta
Suoraa ei aallokasta
Työssään eivät tarvinneet
Harppia suorakulmaa viivainta / Seitsemän tiilimestaria

Yöllä tekevät työtä salaista
Holvaavat muuraavat sellaista
Jota ei ihminen pysty
Katsella
...
Taivaan temppelin portilla
Holvattu muurattu kaivo / Pyhän seitsemän
Jonka syvyydestä ei kuulu
Pudotetun kiven loiskausta

JUMALTEN LIHA

Söin kypäräni pohjassa keittämääni muhennosta

Lähdin vaellukselle
Oppaanani vain vaistot / ajalta
Jolloin ihmiset ja karhut
Olivat vielä yhtä

Ylhäällä salamat
Taivaankankaasta purkautuvat ohuet langat
Minussa opittua sekä syntymässä
Saatua tietäjyyttä
…
Asetin peukalon ja etusormen muodostaman ympyrän
Silmälleni / ja katsoin
Käsissäni hirvisonnin kivekset
Miekat muuttuivat pehmeäksi villaksi

Aurinko suli kupariksi
Säteet sylkipisaroiksi

Kuin vapaaksi riistäytynyt
Tulvavavesi vyöryin

Vetäydyttyäni / ne makasivat pinoina röykkiöinä
Kaatuneina puina
Harvat pystyivät pakenemaan / lasketuin katsein
Rikkilyödyt kyynärpäät verisinä kyljissä
…
Söin kypäräni pohjassa keittämääni muhennosta

Jokainen suullinen
Täydellistä lihaa
Jokainen suullinen
Maistui erilaiselta

Hampaissani jumalten lihaa

IHMISHAASKA

Mäkäräpilvi viittanaan
Jalkoterät väärinpäin / känsäkynsi
Kylmää sydämet / jäädyttää veret
Musta tietäjä

Kevyellä askelluksellaan
Juoksee Kalevan puiden
Latvoissa
Hiekkahentuset kannoissaan

Naamassa / kiinni kasvanut
Laholta löyhkäävä kaarnamaski
Kylmää sydämet / jäädyttää veret
Musta tietäjä

Tuoneen saattamiltaan
Kalevalaisten käsivarsirenkaat
Ranteisiinsa voitonmerkeiksi anastaa
Renkaiden yöllinen helinä / kylää valvottaa
...
Sokean / kuolevan
Variksen silmästä / kuun valossa
Nähty neuvo

"Ei kelpaa piinaajalle
Kulunut mahoontunut sorkkatautinen vanha vuota
Vain / leukansa leveäksi vanteeksi ihroittanut
Ihmishaaska

Tulvapuron
Missä saappaansuut hörppäävät kylmää vettä
Toiselle puolelle metsään jättäkää
Ihmishaaska"
...

Neliapilaniityn niittäjä
Itsensä lihottaa
Rasvalla silavalla paisuttaa
Tulvapuron tuolle puolen / taivaltaa

Itsensä
Koivun / mahlattoman
Oksaan istuttaa / kuolleeksi ruotteettomaksi lehdeksi
Auringonpimennyksen varjoksi

Ilman kuivuneen kielen apua / äänellä
Kuin kivet jauhautuisivat kurkussa likaiseksi hiekaksi
Manaa käärmeloitsun
Kiikkuu keinuu tuulen / äidin keinuttamana
...
Mäkäräpilvi viittanaan
Jalkoterät väärinpäin / känsäkynsi
Kylmää sydämet / jäädyttää veret
Musta tietäjä

Kevyellä askelluksellaan
Juokseen Kalevan pulden
Latvoissa
Hiekkahentuset kannoissa

Musta tietäjä / syö ihmishaaskan
...
Mustassa vatsassa
Suolet muuttuvat
Kyiksi eläviksi
Käärmeiksi pistäviksi

JYRKKÄMÄ

Maasta huulilleni
Nostin kaivon
Join sen / lopullisesti
Tyhjäksi

Heräsin
Tuonelan joen alajuoksulla
Oksiin takertuneena
...
Kalso puukko
Verta ja kaksi hyhmäistä kivestä

Pihkaa valui kannosta
Lumenviipymällä

Pääni / kirottu valtaistuin
...
Keihäistä kyhätyllä
Paareilla
Suolattua päätäni
Kypäräni kilpeni kera kannettiin

Havutettuun hautaan

RANTAPUU

Rantapuun kaltainen
Katselija olin
Vettyneiden kortekasojen läpi vedenalaisille
Kalastustiloille / ilmakuplassa matkasin

Putsaamattomien avannonreunojen
Himmeässä valossa
Jadan
Rantapäässä

Verkkoon sukeltanut kuollut silkkiuikku
Laho vene
Ahdin vesikarja
Kalastustiloille / ilmakuplassa matkasin
...
Järvimalmikaivokset
Haukiprinssit
Riimuverkkoihini pyydän
Vetinen on valtakuntani

En enää / pelkkä rantasoutelija
Ei enää / mudan makuista kalanlihaa
Ei enää / kalakaatopaikka
Ei enää yksi rivistä

NUOTIONTEKIJÄ

Makasin
Miekan kahva / leukani alla
Elämäni
Tavallani tuhlasin

Miekkani / tinaa

Puusormukseni
Tapion takoma
Pihkatahraisessa sormessa
Männyn alla
...
Nuotiontekijä
Saapui
Nosti päiväitseni syliinsä
Miehennänneillään imetti

Nuolet käänsivät suuntansa
Taivaalla eteneväsi pyöräksi
Tapion
Puusormukseksi
...
Kivet puut sytykkeet
Nuotion / toi
Tulen sytytti
Tarinani aloitti

VIHREÄ HAJU

Laitoin
Outoja etelästä saapuneita / pullearintaisiin orjiin
vaihtamiani
Kasveja / kiukaan kuumille kiville
Löyly lauloi väreillä

JUOPUNUT SOTURI

Rautaani
Huotrassa kaitsea sain / kuin
Juopunutta toimetonta
Soturia

MIEHEKSI EI SYNNYTÄ

Keihäiden tuliviirit yössä
Susilauma kiersi veressämme
Poikasten posket / kuin
Metsättömät mäenrinteet

Kävelimme eteenpäin tuulessa / joka
Työnsi auringonvalonkin syrjään
Syysyönmustat hiukset
Palmikoituneina laskeutuivat olkapäille

Silitystä / vaille jääneet otsat
Kestivät raskainta hiertävintä kypärää
Selässä / neljän ristikkäisen pajunoksan ympärille
venytettyä
Sonninnahkakilpeä
...
Päällikköämme
Kutsuimme nimellä / Hauta
Mieli ei ollut terve / salama oli iskenyt latoon
Jalat sinisuoniset kompurat

Rystyset
Sonnin kivesten kokoiset
Silmät
Valuivat ruostetta

Haudassa
Kasvoi kaksi voimaa
Ensimmäinen kevätkukan lailla
Toinen sienen lailla / sateisilla syksyn mailla

Vasen käsi
Huotraan työnnetyn miekan
Kuivuneen veren ruskealla
Kahvalla

OIkea käsi
Velttona
Kylkeä pitkin / alas kasvavana
Oksana
…
Elkeemme
Kotkien soidinliikeet

ELÄMÄNJÄRVEN MOLEMPIEN RANTOJEN KUNINGAS

Noitarummun kalvolla pomppivia
Luupajojakin arvaamattomampi
Olin
Valkoinen varis

Heitin miehiä / kovaa ja suoraa
Pää edellä puunrunkoon
Minulle kaikki oli
Rangaistuksetonta

Kulmakarvojani yletyin nuolemaan
Oli vatsani alla / kaksi kyytä
Luikerteli toinen naisen soraan
Toinen saveen

Minulla oli talviyön kaltainen ote
Pitelin naista
Pitelin asetta
Pitelin viikatetta / villiä viljaa leikkaavaa
...
Nälkä
Syntymääni edeltävältä ajalta
Ei talttunut
Maailman lautasilta syödyllä ruoalla

He

Asettivat päähäni / kultakypärän
Elämänjärven molempien rantojen kuninkaan

Vesilintujen laskeutumisaallot
Olivat minun

SYVÄLLE ISKETTY

Seisoin pellolla
Pää retkottaen
Keihäs hartioista selkärankaa pitkin
Maahan / syvälle / iskettynä
Variksenpelätin

Astuin sotaan
Kuin omistaisin sen
Kuin saapuisin omiin
Häihini

Minä
jota oli kielletty / tiellä
Ohittamasta ketään
Kulkemasta keskellä

PAARMAN AHDISTAMA

Elämä
Vaikkakin paarman ahdistama
Pitää nähdä maisemana / jossa
Katja Kettu nousee järvestä

Hänellä on kauniit rinnat

KETTU

Pyöritän ohutta suoltasi punokseksi
Kädensijaksi keihääseeni
Pihkaan sen / ja
Heitän sen veljeesi
Ketunhäntäsi koristaa pian
Viittani helmaa

Sinua ei auttanut
Kaulariipus täynnä sukuni
Sinertyneitä
Neniä korvia sormia

Olit kettu
Pesäkolostaan ajettu

YÖPAIMEN JA SOTURIJOUSI

Pystyin seuraamaan
Lintuparven näkymättömiä jälki
Silmilläni näin ladon kokoisen kiven / märän hiekan
Alle
Mitä jäljitin
Kohta roikotin edessäni / ruhjeisesta niskanahasta

En tarvinnut ajohaukkuja

Jäljitin
Illasta / kun värit kuihtuivat
Aamuun / värien astuessa esiin pimeydestä
Musta nahka rannesuonten suojana

Yöpaimenessa
Käänsin voimamerkkisen nahkani
Ympäri
Peitin ihmisen hajuni

Kiimainen lumisade ei minua
Vietellyt / syliinsä saanut
Kieltäydyin kivusta

...
Jouseni
Karhun suden mäyrän / karvaista
Nahkaa

Soturin jousi
Vasta kun siinä / karvatonta
Nahkaa

...
Minä soturijousi

Yötaivaalle
Ampumistani nuolenrei`istä
Vuosi kalseaa hämyä / muutama pisara maahan
Poskelleni

ODININ SOTURIT KALEVASSA

Unessa hiihdin miehilleni hanget auki
Ei auttanut / Odin piiritti sotalinnamme

Sotavalo keulassa / laivoillaan laskivat maihin
Voitto tai venehautaus
....
Etsin otsonpesän
Hivuttauduin sisään
Mesikämmenen
Viereen havuille

Kuohitsin
Itseni
Kuohitsin
Otson

Neuloin / mesikämmenen siemenpussin ja kivet
Nivusiini vertaitkeviin

Minusta tuli
Kinostumaton
Minusta tuli
Jäätä kylmempi
...
Palasin omieni pariin
Hiljaisten huulten / ja isopäisten

Työnsin omieni perseeseen
Kärpässientä syöneen porohärän / kusipuikkoja
Rohkaisi taistelemaan / vaikka jalat olisivat
Valmiit pakenemaan

Pelkuruus on usein pelastanut hengen
Nyt
Ollut ei mahdollisuutta pelkuruudelle / tai
Elämälle

Hän joka / väittää muistavansa / täällä taistelleensa
Valehtelee

...

Odinin soturit
Eivät itsekään tienneet / paljonko heitä oli
Vieressä seisovat
Peittivät näkyvyyden

Harmaasta maasta
Heittivät
Harmaan keihäspilven
Harmaalle taivaalle

Putosi
Harmaana sateena
Harmaaseen maahan
Punasi mullan

Veremme virtasi / tämän ja tuonpuoleisen väliä

Miekkojen muurahaispesiä
Nuolien ampiaisparvia

Olimme keltaista lunta
Odinin edessä

Isopäiset mieheni / heidän hiljaiset huulet
Makasivat hengettöminä / nivuset punertuneina

Odinin soturit kastoivat kätensä
Miehieni / sisälmyksien rasvaan

Ilkamoivat ihmistaljoista / tuppeen nyljetyistä
ihmisnahkasäkeistä
Verirumpu / taivaasta ammuttiin kuunsädenuoli
sydämeeni
...
Musta sarastus

Silmäni
Rätisivät hopeavaarnoja
Silmäni
Väreilivät hirviön pintaannousua

Pätsinä hyökkäsin nuotion kimppuun
Kusin sen palamattomaksi / mitättömäksi

Katkoin kaikilta jalanjänteet / ja
Kutsuin sudet

Hymyilin kuin viikate / ette saaneet venehautausta

Odin pakeni
Ammuin kolme nuolta
Yhden kumpaankin pakaraan
Yhden keskelle
...
Jos haluat venehautauksen
Älä tule tänne

PYSTYYN KAATUNUT

Peruuttamattomasti
Vesipyörteen kuolemankierteessä
Ei auta / vaikka vene kaatuisi
Ei uppoaisi

Kuolemanvirta
Pyörii Elämänvirraksi
Virran yli kaadettu puu ei löydä vastarantaa
Kaatuessaan pystyyn

Vaikka vene kaatuisi
Ei uppoaisi

KOVA SYLI

Kosteudesta ruostuneilla kuunsäteillä
Kasvatin ruispeltoani

Kanteleeni viritystapit ruostuivat itkustani
Lauloin vain itkien

Varpaidenvälistä / raaputin rakkulavatkulia
Hiljaisille lapsillemme
…
Mutta / laajapohjaisen katajatuopin
Kohotin huulilleni
Valheenkukan keväänvihreä tuoksu nousi
Nenääni

Nostin
Hiljaisen lapsen
Mustaan kovaan
Syliini

JOHTAJA

Susiemo
Kantoi niskanahasta
Hedelmättömäksi luultuun
Mustaan kohtuun

Harmaa istukka / syötti kylmää raakaa lihaa

Äitini
Synnytti minut / isäni kuoleman
Tuskasta
Sain juodakseni vain omaa vertani
...
Haisin sudelle
Koirat painoivat kuononsa maahan
Lumessa vaeltaessani
Olin kinostumaton

Tassunpainalluksessani kynnenveto
En jättänyt syönnöksiä
...
He etsivät minut
Johtajakseen

KOSTORETKI

Nuottakuninkaitten / huhtakuninkaitten heimo
Kalevan poikien suku / pohtimattomia sanoja suustaan
päästämätön
Sammunut myrskysateessa kuin
Kaskituli

Kalevan pojat / mahtisuku itätuulen
Ynglinga / mahtisuku länsituulen
Aikana ennen Ristinkiesuksen ja
Kirkon valtaa

Ynglingat sulan veden aikana
Laivasotaretken länsituulen tuuppaamina
Kalevan kankaille / viljaville laihoille
Tulta tuhoa / Kalevan poikien Sanat / paloivat kuin kuiva
päre

Suku sammuu kun pojat kuolevat
...
Tuhkasta nousi varpusparvi
Kalevan poikien emot vaimot tyttäret
Yhdistyvät / kuin yhteen kokoontuneet
Harmaat myrskypilvet

Raskainta avainta / miehustallaan / kantava leskivaimo
Kätköistä / Lemminkäisen temppelin
Uhrilähteestä suonsilmäkkeestä
Esiin haravoi kuvastimet / kupariset kaksoset

Kun kuvastimet / kupariset kaksoset
vastakkain asettaa / ne päättymättömän käytävän
eteen avaa
Taivaan sepän pajaan

Suku sammuu kun pojat kuolevat
...
Kalevan poikien
nuolenpäistä lyömämiekoista kirveistä / emot vaimot
tyttäret
Sulattivat valoivat
Urhon

Urhon rautaisen
Metallisiin sieraimiin / kaiken sorauttavaa
Itätuulta / suututettua / impyet puhalsivat
Talvikyykäärmeen luonteiseksi / tuhannen miehen
voimaksi

Mäntymetsään pukeutuneen
Vuorenjumalan sydämestä / graniittilähteestä
Emot hakkasivat / kivihaarniskan
Rautaiselle Urholle / varpusten kostolle

Suku sammuu kun pojat kuolevat
...
Iho / kuin roudan halkeilluttama maa
Rautaisella Urholla
Ohimoita ei voi nuijalla murskata
Selkärankaa miekalla katkaista

Uomastaan murtautuneen koskivirran raivon
Leskivaimot
Rautaurhon hirvennahkajuomasäkkeihin / johtivat
Kosken kuohunnan / jossa voi pestä verisen koston
miekan

Järvirantojen kuvajaisvyöstä / kannattimen parkitsivat
Rautaurholle / jonka mahdille vastustajat
Kärpäsen papanoita

Verisesti huokaavia / verisesti nielaisevia / verisesti
niiaavia

Suku sammuu kun pojat kuolevat
...
Muinaiset miehet / Kalevan pojat
Graniittilähteestä
Varpusparvelle kiviset nokat hakkasivat
Kostoretkellä ei ole suojaavia seiniä

Kalevan emäntien miehustan avaimet ovat entistä
Raskaampia
Vyötäröliinat ovat koston kyynelillä
Kuvioituja

Jäljellä vanha viisaus
Tulessa tuhoutumaton
Helpoimmin mukana kannettava omaisuus
Mahtavat Sanat

Suku sammuu kun pojat kuolevat
...
Yksi on elämä nyt
Toinen jumalien kanssa / kurkien valtakunnassa
Hyttysittömillä soilla

HARMAA SALAMA

Ukkosen kaatamista koivuista saa
Parantavia löylypuita
Vapauttavat voimaa ja viisautta
Sanattoman löylynhengen loitsun

Heitin vettä kiukaalle
Kiviltä nousi kuolinvarpunen
Koivut löylypuiksi oli kaatanut
Harmaa salama

Heitin vettä kiukaalle
Kiviltä nousin harmain siivin
Koivut löylypuiksi oli kaatanut
Harmaa salama

Vapaa on voimani ja viisauteni
Taivas ei enää sylje kasvoilleni

SISU ON LOITSU

Suomalaisen miehen
Elämä
Viinan kohtalon varassa
Lemminkäisen Joukahaisen ja Kullervon

Odin Korppeineen ja Futharkkeineen roikkukoon
Saarnihirressään

Suomalaisen miehen
Taaperrus
Olvin ja kohtalon varassa
Lemminkäisen Joukahaisen ja Kullervon

...

Musta sula
Vettä jo puoliksi reessä
Ruunaa löin jo haavoille
Itseni / ja sen hengen vuoksi

Eivät auttaneet jumalat

Loitsin itseni hevoseksi
Vedin reen jäälle

HARMAANSININEN

Jos jonnekin haluan kulkea
Kaislikkosilta
Vaatii
Kevyttä askelta

Kivikkokannas
Kuuluu naapurillesi

Susiesi ulvonta
Hukkuu tuleen
Harmaansiniseen

SOTA AIROT

Airojen äänet ja
Vetiset jäljet
Vene on valkoinen ja reunat
Täynnä jääpuikkoja

Kirotut sota airot
Ankkurikivi kolahtaa pohjaan

JÄÄTYNYT PURO

Vaimeana arkana / kevään sulattamana
Hengitystään pidättävänä
Otti ensimmäiset askeleensa / kuin
Metsäkauris jäällä / antoi virrata

Vihreyden ympäröimänä / linnunlaulun
hullaannuttamana
Kesän juhlaan osallistuvana / eläimiä juottavana
Solisevana huolehtivana
Purona

Pedot sen myös huomasivat
Vatsansa puron vierailla
Täyttivät
Lisääntyivät

Vesilintujen lähtiessä / haapioden valkamoihin
vetäytyessä
Virtauksen hidastuessa
Lehtien poispäin
Matkatessa
...
Jäätynyttä puroa pitkin
Erää käyvien miesten
Lylyt
Kahlut

KATTOTAIVAS

Kaikkia kohtaavat kuoleman / kyllä
Mutta hän päättää
Milloin ja miten ja
Mitä polkua ja mihin

Hän saattaa
Sielut Tuonelaan
Nyt hän sairastaa
Hänen täytyy parantua
...
Kammottavan hirsimökin sisällä
Lavitsa / selin siellä makoillessa
Ylös avautuu hirsinen
Kattotaivas

Oksan reiät / taivaan tähdet kattotaivaan
Näyttää suunnan minne kulkemalla
Pelastaa Kalevan ihmiset
Tyhjyydeltä
...
Katso ylös

KOILLISTUULI

Kärjessä
Sammuneen kaukaisen tähden / kuolemanloistetta
Surkukielisen kanteleen säveliin viritetty ...
Pohjolan jumalten miekka

Terässä
Kalliokamaraa pitkin
Tärähtänyttä jättiläisten / murskaavaa
Voimaa

Keskiuurteessa
Koskivirran kiviä pyöristänyttä
Miekkaa kovertanutta / Tytin
Veriheraa

Kädensijassa
Maan ytimen väreillä maalattua
Graniitilla tasapainotettua / myrskyävällä taivaalla
kuvioitua
Liekkiä Tuonen

Näkymätön / jälkiä hajuja varjoja jättämätön
...
Koillistuulen pitäjä / käräjäkunta
Kylmäksi jäätynyt / painollaan halkaiseva rautameri
Vastarannaton / auringon veljeyttä
Vaille jätetty

Meren rautaisen alla lymyilee
Ukkohauki pelätty
Rautainen selkäranka / teräksiset nikamat
Vaskiset rustot suomut

Minkä kuolevaiset vasta aavistavat
Siihen se on jo hampaansa
Iskenyt
Kaikkihalkaiseva

Saalis / joka pakenee
Huomataan
Koillistuuli kaikki
Tavoittaa

Näkymätön / jälkiä hajuja varjoja jättämätön
...
Se
(Kuolevainen kuolematon kuollut
Ei sen väliä
Kuolema ei erottele)

Jonka / jumalten miekka santaan lyö
Koillistuulen viimaan kylmään vielä kiedotaan
Mustaan tyhjyyteen / kuunvalon varjohiekkaan / kuolleen
sielu
Haudataan

Koillistuuli / Pohjolan jumalten miekka
Kaksinkertaisesti katkaiseva
Rankaiseva

TUULI KUIN TULI

Myrskyssä isoinkin tyrsky
Hajosi rantakiviin
Ja sen voimaa ei enää ollut
Jyly jäätyi / koillisesta puhaltavaan tuuleen

Metsän pahinkin kukka
Poltettaessa
Juurineen siemenineen
Paloi tuhkaksi / koillisesta puhaltavaan tuuleen

Koillistuuli
Autioitti

Saunoi varjoa jättämättömistä puista rakennetussa
Saunassa
Pahan pois

Istutti soturit kämmenelleen
Puristi kämmenen nyrkkiin

MARRASMIES – KUUN JA TÄHDEN SOTURI

En halunnut
Kukaan kääntäisi saappaankärjellään minut selälleni
Kusisi rinnalleni / keltaiset kimaltavat
Meripihkahelmet

En halunnut
Haista maahan katkotulta
Rikkinäisillä saappailla / poljetulta
Havulta

Syystuuli
Tuntemattomuudesta puhallettu / lehahdutti
Lehdet lentoon
Ruosteisen lintuparven

Päiväkuun valo
Laski / siniviittani laskoksia
Hopeisina vuoripuroina / alas
Maan multaisten hampaiden syötäväksi

Panssaripaitani / läpikuultavaksi kulunut
Nuotioni / tuulen vastaisesti liekehtivä

Haalea kalpea
Päivänuotio

Söin suolavedessä keitettyä varista
...
Ukkonen / kaartui käsivarteeni kilveksi
Pelkuruuden härmä hälveni silmistäni
Muoto muuttui
Jäniksen pyöreistä / Suden vinoiksi

Vapautin hiukseni / pihkaisen palmikkoni
Vesiputouksena

Punaisina vuoripuroina / alas
Maan multaisten hampaiden syötäväksi

Kasvoin
Tihkusateesta kaatosateeksi
Rankaksi / rankkasateeksi

Voiman yö
Aamutähteen asti

Sateen märättämään huomeneen
...
Astun sisään
Kopistin sodan saappaistani / ravistin taistelut viitastani
Työnsin peukalottamalla kämmenelläni / ainoallani
Hupun taakse otsaltani

Ohimoni
Yksinäisyyden mietiskelyn tuhkanharmaa

Taljani
Kerin auki
Peitin sillä / väsyneen itseni
Nukahdin

Taljani / muuttui jalkopäässäni
Kuono tassujensa päällä lepääväksi

Karhuksi

VERIPURONEN

Veripuronen valui alas
Huomasin sen vasta / kun jalkapohjani tuntuivat märältä

Mitään en nähnyt
Silmäni roikkuivat poskipäillä

Veripuronen valui alas
Siemensäkkini oli lyöty mättäälle

Mitään en nähnyt
Silmäni roikkuivat poskipäillä
...
Auringosta hyökännyt / asetti silmäni siemensäkkini
vierelle
Lauloi laulunsa jumalilleen

Huomasin sen vasta / kun jalkapohjani tuntuivat märältä

ITSE VARMUUS

Alastoman tietäjän
Kiveksille / istahti suohyttynen

Saunan löylyihin
Palmikoitu neito
Kantoi kultaisila sankalangoilla
Vesiämpärin

Tietäjä / suori tervatun viuhkaruoskansa
Paloitteli hyttysen seitsemään osaan
...
Tietäjä / heitti kultaisten sankalankojen vesiämpäristä
Löylyt

VERTAVUOTAVAN ONTUJAN JÄLJET

Pitkät varmat askeleet
Selväreunaiset / lumessa

Nuoli halkoi ilmaa
Viitan jäljet / lumessa

Nuoli / variksensulkainen
Reidessä
Perselihaksella siirrettävä jalkaa / lumessa
Punertuvassa

Nuolia sataa takaa
Siirrän repun vatsalle
Kilven selkään / jätän

Vertavuotavan ontujan jäljet

LÄMPIMÄSTI TERVETULOA

Kangaspuillaan kutoi
Tulenriekaleista ja liekinrepaleista / loimuavaa
räsymattoa
Tervetuloa toivottamaan
Jalkapohjia polttamaan

Omassa vahassaan seisova kynttilä
Valaisi aikansa
...
Hän joka matolle astui / sai lentää
Liekehtivänä

Kyliin / joihin ei ollut koskaan rakennuttu hautarovioita

RASVANVALKEA

Syötetty
Hunajalla ja piimänvalkealla naudanihralla
Kasaksi
Syötäväksi

Reisiin viilletty syvät haavat
Narutettu yhteen
Kasaksi
Syötäväksi
...
Savu kohosi ylös
Rasvanvalkeana

ENSIMMÄINEN KIROSANA

Astuin omaa pituuttani pitemmin askelin
Satoi / kuusenkävyn kokoisia sadepisaroita
Polkuni virtsasi jokien järvien
Poikki

Nousin vedestä täysin kuivana
Tihkuin tulevaisuutta

Sininen / jumalten sylki
Valui suupielistäni

Revin lapionterän / syvältä ohimostani
...
Huusin kirosanan ensimmäisen
Iskin lapion suohon

VERENSEISAUTTAJA

Tuvan ovi avautui / edes pöly ei liikkunut
Tulisijan / harmaanvalkoinen / savu jähmettyi jänikseksi
Kylmä tuuli astui sisään / valo pakeni vetoisiin nurkkiin
Verenseisauttaja
...
Itki verta / isännän korva
Katkeamatta lakkaamatta
Kallossa / villiintyneet koirat tappelivat
Kellastuneesta luusta

Kutsuttu
Oli Verenseisauttaja
Ison haljenneen kiven raosta
Kasvanut

Liian lähelle / luokse tullut
Ihminen tai kuolematon
Äkkisyvään vajosi
Syvyyteen putosi

Silmät / kyyneleitä varten / koskenpyörteet
Öitten yötä ja kuuta
Katselemaan
Ne luotu

Pusersi itsestään / ihon läpi
Vihaisen sinisen viitan
Ympärilleen kuolemanseinän kilpimuurin
Ja pelottavimman kaikista / tyhjän hiljaisuuden

Kärvensi
Mielen tuhaksi
Palaneeksi
Koivupäreeksi

Söi nielaisten
Ruisleivän reikineen
Kuin pienen
Pienen rieskamurusen
...
Voima / samaa mikä saa havunneulan
Kellastumaan
Kuivumaan
Putoamaan

Voima / mikä halkoo uomia kallioon
Näön ulkopuolelta
Lennätetty
Töminä

Suonissa / kosken virtaavassa vihassa
Asui rauha
Mutta
Vain sille kuuluva

Syli / höyryävä suomaa upottava
Syksyn ensimmäinen kuura
Veret
Seisauttava

Varjonsa / seuralaisensa
Kuin kuu
Karun maan eloton
Kaksoisveli
...
Sapestaan kaivoi tuskansa
Äkäisen / sisälmyksiä / syövän
Mehiläispesän
Löi sen pirstoiksi

Raivoavan mehiläispilven
Puhalsi / korvaan verta valuvaan
Pahoja koiria pistämään / luun
Leuoista irrottamaan

Paukamia / sinipunaisia kullinnuppia
Verikoirien
Tassuissa takapuolissa
Paskaisissa
...
Aamulla / tuvan penkillä
Vironneen isännän vierellä
Koiranhaukkaisema ruisleipä
Rei`ätön

KOLMEN KESKIYÖN METSÄJUHLAT

Mitä auringossa piilottelevat / tuovat kuun valoon
loistamaan
Kolmen keskiyön / metsäjuhlan jälkeen / katoamaan
Tavallisen ja maallisen yläpuolelle
Kupolikattoisen salin kolmelle käytävälle

...

Savunsa kadottaneet liekit
Vetensä kadottaneet lähteet
Valoaan etsivät / taivaan välkkeet
Tanssivat soittavat loilottavat / keskiyön metsäjuhlissa

Rummutus kätten taputus
Kottaraisten lento / nokissaan palavat / keltaiset kekäleet
Aamuyön kasteusva
Nauruaan syövien kestit

...

Silokkisienistä puserrettua taikajuomaa
Kärpässientä syöneen poron kusta
Omaa hikeään juoneet
Metelistä mölinästä / juopuneet

Keskiyön metsäjuhlat

LUPAUS

Riipuimme poikkipuusta nilkoistamme / ruohonaruissa
Lupasivat
Tainnuttaa pelokkaimmat / ennen verenlaskua
Nivusista

Emme
Luvanneet samaa heille

KULLERVO

Lehvästön / kellanpunaisessa oksanhangassa
Elävässä / kulttipylväässä linnunpesä
Sieltä Käki pudotti harmaan munan
näreeseen

Vene / rekimatkojen maailmassa
Näreiden vesakkojen poika
Hänessä maan haju / rikkikynnetyn kivipellon iho
Sammuneen saunankiukaan silmien katse

Hänelle puhuttiin
suusta lentävillä / pistävillä mehiläisillä

Hänellä
on hampaat joilla ei ole purtu

Hänellä
on kynnet joilla ei ole raavittu

Hänellä
on häntä jolla ei ole sääskiä pois heilutettu

Hänessä on paikka
jonka aikoo täyttää / hyvällä tai pahalla
Se on hänen salaisuutensa / synkkä syvä kuin
valoa kavahtavan hiiden luola
...
Pitkospuuttoman / upottavan suon ympäröimästä
koivumetsästä
löysi portaat / pellavapivissä leijuvaan
Mestarisalvoksin rakennettuun / hirsilinnaan

Salamamiekat Ukon siniviitasta
Taivaanvoimien alkukalliosta
Ylöskohotettuun teräkseen
Variksenpojan sydämeen

KUOLEVIEN KYLÄ

Ei ihmetellä siellä
Miksi kuu ei kiipeä paistamaan
Aurinko laskeudu nukkumaan
Kukat vanhene / lakastumaan

Ei tarvitse ahkerasti kuin orava
Huomispäivä huomioiden / tehdä työtä kätkeä terhoa
Ehtii juoda hunajamaitoa / ei vain
Omaa suolaista hikeään
...
Siellä nähdään kauniita unia
Siellä katsotaan jo kuolleiden silmin
Muistoista paistetaan leipää
Veistetään vene

JUMALIEN ALOITTAMA SOTA

Riehuu metsissä aavejousimiesten
Hitaasti virtaavien / saveen ja tuleen matkaavien
Erämaajokien varsilla
Sapella märitetty

Aavejousimiesten punaiset kanteleet
Ovat alisiin korkeuksiin viritetyt
Korvat vuotavat ja otsat helmeilevät
Sapekasta verta

Mitä etsivät jumalat
Omaako kuvaa palavasta järvenpinnasta

Missä on veitsi kivivarjoinen / jolla sormen keskimmäisen
Aavejousimiesten / kädestä leikkaa

...

Aavejousimiesten punaiset kanteleet
Ovat Impyeiden kielien jänteistä viritetyt
Korvat vuotavat ja otsat helmeilevät
Sapekasta verta

Heitoköysien silmukoiden päätesolmut
Kestävätkö aavejousimiesten voiman

Mitä etsivät jumalat
Omaako kuvaa palavasta järvenpinnasta

Vaikka yhden hakkaa alas / kaatuu se kelsoksi
Vaikka yhden taistelun voittaisi / kääntyy se marrakseksi

Jumalien aloittama sota
Käydään Suuren salin / keskustulen hiljaisen
Sinisen liekin / ääressä
Kasvottomien kesken

VIHREÄ TIETÄJÄ

Tietää / metsänsä kaikkien puiden
Kaikkien lehtien nimet
Erottaa / metsänsä kaikkien puiden
Kaikkien lehtien havinan / ruotteiden tarinat

Vihreällä tietäjällä on taito
Parantaa
Taittunut oksa
Kuihtunut kukka

...

Metsän tuolla puolen
Uhrasi hän miekkakätensä jumalille
Saadakseen immelleen
Viittaan rintasoljen / emännän

Metsän tuolla puolen
Uhrasi impi viittansa jumalille
Saadakseen miehelleen
Hirvensarvikahvaisen miekan / täynnä voimaa kiimaista

...

Kädessä karahka ryhmyinen pahkeinen

Vihreällä tietäjällä on taito
Parantaa
Taittunut oksa
Kuihtunut kukka

KILPAILU

Kuka saa
Suurimman syvimmän kolhun
Juoksemalla pää edellä
Tukkimökin seinään

Voittaja valitaan
Sotaretken kuninkaaksi
Suurimman viitan kantajaksi
Käskijäksi määrääjäksi

HARMAA KALLIO

Työnsin hänet
Kämmentyvelläni kaliioon

Vikuroiva katse
Ei auttanut / pikemmin joudutti

Hänen ei olisi
Kannattanut tulla
Keltapunaisella viirillään / pitäjääni
Hakemaan orjia

Nyt hän on harmaassa kalliossa

TIETÄJÄSOTURI

Haluatko olla
Tietäjäsoturi

Hautaa miekkasi suohon
Polta konstivakkasi

Lahjoita
Jumalilta saamasi
Sininen viitta vihamiehellesi / niitähän riittää
Samoin kuin orjasi

SOTAMAALI

Vain
Kuolleen yllä
Sapen sisälmyksien suolten
Maalaama

Vain
Sotamaalista
Jumalat tunnistavat omansa / kun hakevat taistelijansa
Pitoihinsa
...
Muutoin oli
Vainio huonoa ja harvaa
Kaatuivat he
Vakoihinsa

Sotamaalin kuitenkin saivat

MUURAHAISKEKO

Tulit ja sanoit
Suuni tuottaa vain haukotuksia
Jätän jälkeeni / väsyneen hevosen liukastuneita
kavionjälkiä
Lepään kuin / veltto vatsa vyön päällä / kaksoisleuka
kauluksessa

Tulit ja sanoit
Etsin aina / turvallisen ylityksen jokimatalikkoja
Punotulla ja savetetulla seinälläni / roikkuu terättömiä
viikatteita
Veneestäni puuttuu tappi / aironvetoni ovat lyhentyneet

Herjasit
...
Minä sanoin
En ole kylmä nuotionpohja
En ole akanajauhopussi
En ole puusylys omaan roviooni

Minä sanoin
Tahtoni liikuttaa sinua / kuin myrskytuuli syksyn lehtiä
Astu märille rantakivilleni / liukastut marrasjokeen
Kenkäheinäsi / kastuvat kohta jätöksistäsi verestäsi

Vastasin
...
Ymmärrätkö
Mänty johon sinut ripustan
Sen jääpuikot sulavat keväällä
Ruskeanpunervaa verta

Ymmärrätkö
Olet pian / hujan hajan

Kuin mökkisi saappaanpohjista likaiset
Kynnyshavut

Vastasin
...
Pakotan sinut juomaan herjasi / vatsaa korventavan
Kusemaan se
Vaikka heikkokaarisesti
Puunjuurelle johon sinut ripustan

Et tiennyt

Ei olisi kannattanut
Lähteä pois tanhuvilta
Joilta hevoset osaavat palata itsekseen
Vaikka pimeässä

Et tiennyt

Kuolema heittää terällä löylyä / käteni pituisella miekalla
Toisella terällä / susilauma kokoontuu ulvoajoon
Miekankärjessä / hopeisen kuun paisteessa
Vyöryää teräksinen koski

Et tiennyt

Olen muurahaiskeko johon ei kannata heittää keppiä

ET VOI PAETA RANGAISTUSTASI

Tapoin hänet
Miehen / jonka jalassa
Oli
Isäni saappaat

...

Kuljin monihaaraisia polkuja
Kuljin muurahaiskekojen yli
Kuljin Mehiläispesien alta
Tappaakseni / miehen jonka jalassa oli

Isäni saappaat

...

Isäni luut hapattuvat maahan
Mutta / saappaat
Saa hän
Jalkoihinsa

Vintergatania
Pitää isäni
Lämpimästi
Astella

PIMEYS

Eksyin lumisateeseen
Puut oli maalattu valkoisiksi
Valkoinen merkitsi kuolemaa
Mustaa en nähnyt

Yön mustaa taivasta / toivoin
Taivaan ylle heitettyä
Repaleista viittaa
Pimeyttä

YKSIN

Minut jätettiin / yksin
Puolustamaan
Linnoitusta / jonka linnanmuurin sakarat olivat
Tasoittuneet

He kantoivat keihäitään
Kyynärvarressaan
He kantoivat keihäitään
Polvellaan

EN KÄÄNTÄNYT POSKEANI

Poski kiveä vasten
Kyljelläni / jalat koukussa
Kädet selän taakse / suolistani / sidottuna
Makasin

Ymmärsin
Miksi miekassa pitää olla kaksi terää

Toinen / tappamista varten
Toinen / pelastautumista varten

Ja toisen pitää olla terävämpi
...
Hän
Silmänympärykset / soturivainajan tuhkalla mustatut
Nenässä kuparirengas
Löi kirvellään / arpisen / miekkani rikki

Leuto miekka haaleassa kädessä

Erakoitunut rauta
...
Puna levisi poskelleni
Poskeani en kääntänyt

KATAJAJOUSIAMPUJA

Ampui
Katkeamispisteeseen asti lovetetulla
Katajajajousella
Paksun männyn läpi

Jos
Ampui ihmistä
Saattoi
Käden työntää reiästä läpi

Panssaripaita kului läpikuultavaksi
...
Hänellä oli
Ilmeettömät kasvot
Löylyissä poltti ne
Naamariksi

Pakko oli taikaruokaa
Kastoi käsiinsä taikayrttiä

Kasvojen läpi pystyi näkemään
Karhun kallon

PUNAISEN MULLAN LINNA

Silmän alapuolelta
Nuolenkärki tunkeutui
Oikeaan olkapäähän / kyynärpään kautta
Ulos

Verisenä hangelle
Kuuraisten havunoksien alle

Hangessa
Viimeinen punainen
Päästäisenhyppy

Kuolema ei ottanu vankeja
Halaus tuntui maalta
Ymmärryksen heikentyvä valo
Roskanuotiosta
...
He tulivat kohti aurinkona
Keihäät sädehtien / kärjet piispanhiipan muotoisina

Me seisoimme kuunsirppikaaressa
Merenjäille jätettyinä

Kuolinhaavat olivat kauniita
Hiekkaa täynnä

Veri ei imeytynyt maahan

Kentälle nousi
Punaisen mullan linna

ERÄMAAN RAJAPYYKIN

Takaa saat kaiken
Pystyt valtaamaan ottamaan
Pystyt teoin sanoin
Puolustamaan

Murehtiminen
Tähdettömät yöt / jolloin pohdit vaikeuksiasi
Teroittaa rasvaa
Aseesi

Suurinta pötyä
Murehtiminen ei auta

Murhe
Kämmenen peukalo / joka
Tarttuu raskaaseen rautaan
Kuokkaan kirveeseen
Miekkaan

Siansuoli
Tärkeä
Ilman suolta / viita laulaa
Vastasyntyneellä sammalkehdossa tuutun

Et
Voi vain katsoa
Orjiesi työntekoa
Peukalot vyön alla

Makaat itse
Kuolleena maassa
Kädet pään vieressä suorina
Peukalot vyön alla
...

Puunjuuriauralla kylvät
Vainion / huonon harvan viljanoraan
Syöt kylmää ruokaa polttamattomilta
Savilautasilta

Odotat
Sadetta / jolloin
Joen vesi nousee kyllin syväksi
Hukuttautumiseen

Kiuas
Laastiton kiviröykkiö
Heität löylyt / syljellä
Räkä kiehuu kiukaalla

Rajapyykin takana
Odotat sadetta

UUNISEPPÄ

Sannan haki muuraussaveen
Tuonenvirran rannoilta
Poluilta loistavilta
Jotka eivät olleet loistavia

Tulisijoja muurasi uuniseppä
Hyvävetoisia / huonovetoisia
Miten sai maksun
Miten kohteli savunpitäjä

Uuninperusta piti olla
Alkukalliosta
Tai siitä tuuli huonovetoinen / kuin
Naurisrintaisesta emännästä

Hellahalot piti olla
Kyllikin metsästä
Tai uunissa paistettuja leipiä eivät syöneet / kuin
Aidan yli nousseet

Sauhutteli sieraimiaan / kuin
Tulinen hirvi

Sannan haki muuraussaveen
Tuonenvirran rannoilta
Uuniseppä

VAAHTOKUPLAPEITTO

Vain veden vaahtokuplapeitto / muistutti minusta
Pärevalot silmissäni kastuivat sammuivat
Olivathan ne jo sydenmustiksi savuttuneet
Ovenaukko pimeni tuntemattomasta

Minun olisi pitänyt / nuora navan
Solmuun kerään / jo kohdussa vetää
Ymmärtää
Mitä suurempi miekka vyöllä / sitä suuremmin voi erehtyä

Miekkani
Oli astia / jolla tarjoilin myrkyllisiä marjoja
Apuni
Oli kuokka / jolla kukaan ei uskaltanut suotaan muokata

Vain veden vaahtokuplapeitto / muistutti minusta
Olin veden alle työnnetty
...
Kuolin
Minut purettiin
Uudelleen entisiin salvoksiin rakennettiin
Sammaleet hirsien saumoihin vaihdettiin

Nyt
Minulla on suurempi sotakintaan kämmenkuppi
Otan vuorolusikallisia jumalten padasta
Ikuisuus on laskeutunut kattoni alle

Haavani suljettiin tulella
Aironi laitettiin veneen sisäpuolelle
Saunahalkoni hakattiin valtiaskoivusta
Olen kuin kotkanpoika / ensimmäisessä nostavassa
tuulessa

Vain veden vaahtokuplapeitto / muistutti minusta
Olin veden alle työnnetty

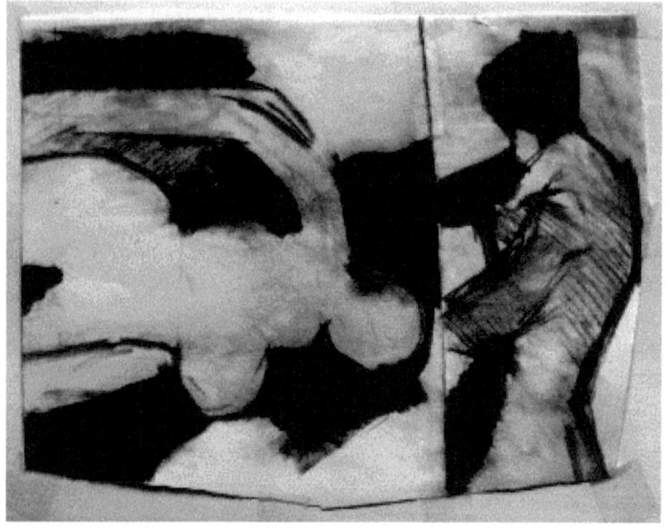

KEVÄT JOLLOIN LUMI EI SULA

Odotan kevättä
Kuin varpuslinnut
Pesässään nukkuvat kyyt
Vihreytensä sisäänsä vetäneet koivunritvat

Odotan kevättä
Kuin talviturkiton / munansa palelluttanut / orava
Pesässään hytisevä rasvakerroksiton otso
Taakkaansa kyllästynyt Tapio

Kevätaurinko
Ei lämmitä
Se on kylmää / meille on tullut
Kevät jolloin lumi ei sula

KUN OLIN NUORI

Yritin
Kuun laskeutuessa järveen
Soutaa sen luokse
Hypätä matkaan

Yritin
Ensimmäisellä miekallani
Sormet verissä / lohkaista ilmaan puhallettuja
Voikukan hyötyväpalloja

Pajusta palmikoituun kilpeen
Lauloin kohtaloni
Kutsuin itseäni auringonpimennykseksi
Osaa minusta / jossa puhaltaa ikuisuuksien tuuli
...
Olin
Maailmaan syntynyt
Oman alkuperänsä unohtanut / sinisen viittansa
kadottanut
Jumala

Olin
Höyläämättömän kuoreni alla
Vailla mahtavien sanoja / joihin olisin voinut hioa
Taitojani voimiani / lopulta koko elämääni
...
Soturien tähteä seurattuani
Viilsin syvät haavat käsivarteeni
Hieroin niihin mustaa tuhkaa
Kuolemattomana

...

Nyt
Kuun laskeutuessa jäätyneeseen järveen
Hiihdän sen luokse / löydän viittani
Hyppään matkaan

KOMENTOHAVUMAJA

Ei sota yhtä miestä kaipaa
Se haluaa kaikki miehet
Se parittaa äitinsä
Se myy siskonsa / vielä verta valumattoman

Komentohavumajansa suojissa
Se / suunnittelee
Seuraavan harjanteen valtaamista
Viimeistä ratkaisevaa rynnäkköä

Solisluunsa murtaneen keihäsmiehen
Sorminivelensä ruhjoneen jousimiehen
Ruuhensa kaataneen kalamiehen
Hautaa / elävänä / tuntemattoman sotilaan lehtoon

Komentohavumaja

LÄNSIRANNALLA

Meitä herjattiin
Jättäytyjiksi heittäytyjiksi
Ojanpohjalle painautujiksi
Rajakivien siirtelijöiksi

Meitä herjattiin
Jalaksettomaksi asereeksi
Keväällä paljastuvaksi / havuilla peitetyksi / lihakasaksi
Puunkantajakääpiöksi

Mäntyihin heijastuvaksi heikkouden loimuksi
...
Joukkomme ampui / tervaisista / sytytetyistä nuolista
Tuliholvin taivaalle
Yö kirkastui päiväksi
Sodan taivaan kirkkain tähti peittyi savuun

Olimme aina seuraavan järven tai joen
Länsirannalla
Olimme aina suksilla verijälkien
Suuntaisesti

Äänetön paikoilleen jäätynyt vartiomies
Valvoi untamme
Kuolemaan asti
Ja ylikin
...
Jäljellä
Vain yksi pihkaoksainen keihäs
Se kädessä odotamme / seuraavan joen
Länsirannalta

ASEJUMALA

Keihäs heitettiin sodanjulistukseksi

Keihään / väpätystään lopettamattoman
Ympäri
Kädet kolmenkaan harmaaparran
Ylettyneet eivät

Asejumala
Lemminkäinen
Lähti leikkaamaan
Kättä heittäjän irti / tavalla asejumalan

Hajottamaan kaiken
Mikä ei palamalla tuhoudu

Asejumala
Syntyi sudenpesän kaltaisesta kohdusta
Asejumala
Puki / suuren soturin / nilkkakulkuset jalkoihinsa
...
Asejumala
Ei ratkaissut ongelmia

Asejumala
Murskasi ongelmat / mitättömyyteensä

Olkikypärä päässä
Naamio niskassa
Sydämessä
Ihmisen ylittävää / asejumalalle kuuluvaa

Asejumalan kallo jäätä
Asejumalan maailma talvea
Asejumalan kuolema kevättä
...
Tuonenvirran inhottava lirinä

KALMANKORPI

Repussani on vain särkymättömiä ruokailuvälineitä
Käskyn ohjeistamia
Otan lääkkeeni / kyytipoikana kostutettu leivänpala
Matkaamme minne teräs ja miehet kylmenevät

Pellagrasta kärsivä sokeutuva maalari
Tarjoaa menthoolipatruunaista paperossia
Kohtalontien päässä
Lupaamme / viimeiseksi teoksemme / tappaa toisemme

Elämättä jääminen voi olla tärkeää
Rakentamaton uuni voi lämmittää
Aamulla voi jatkaa nukkumista
Kuunkin / kyynkehräinen / valo on auringonvaloa

Polyesterisekoitteiset kalsarit
Hiertävät persvakoa

Raiteeton juna
Puksuttaa Sammalkorven seisakkeen kautta
Kalmankorpeen

PÄREVALOTALO

Viilto / valtimon kulkusuunnan mukainen
Se on hinta
Pelastautua hukkumiselta
Tarttumalla kaksiteräiseen miekkaan

Pinnanalaisuus
Siellä orapihlajankukka
...
Lennän lepinkäisenä pienenä
Vahvaoksaiseen kuuseen / alan etsimään itselleni
vanhempia
Jos eksyn seikkailussani / niin sitten palaan takaisin
Kotiin

Vanhemmuuttaan
Tarjoavat
Mainetekonsa järvikallioon kaivertaneet
Kuningas ja kuningatar

Vaihdokkaaksi
Minut haluavat
Sammaleisilla kivi-istuimillaan
Vuorenpeikkojen valtiaat

Mutta päätän
Haaksirikkoutua / olvitynnyrin päällä pelastautua
Autiolle rannalle

Kurjaa polkua seurata
Pärevalotaloon

SAUNAPOLKU

Kylmästä lämpimään
Tällä kertaa yksin
Kokeilet / kuinka kovia löylyjä kestät
Tällä kertaa yksin

Kivet hikoilevat kanssasi
Kivet halkeilevat kanssasi
Perkele laskeutuu / alalauteille
Tällä kertaa yksin
...
Painautumat / vain yhteen suuntaan
Saunapolku

RANKAISURETKI

Meille luvattiin
Ryöstöretkeltä kyliin ei jäisi varjoakaan
Omat hautamme olisivat sankarihautoja
Kaikki olisi helppoa / kuin susilauman saartaessa
kuolevaa

Meille luvattiin
Ryöstöretki olisi kultapohjainen saavi
Sateenkaaresta taivutettu salamia ampuva jousi
Huuto joka saa kylkiluut repeytymään erilleen / kotkan
siiviksi

Mutta tämä olikin laulu / joka rääkkää kuulijoitaan
Aitaamattomien eläinten hyökkäys
...
Retkeltä saimme / vain
Palaneita roskia jätteitä
Vanhoja päälle mahtumattomia vaatteita
Tyhjiä karsinoita

Emme saaneet pyrstöä
Emme saaneet omenankukkasadetta

Kylmällä vedellä jouduimme haavojamme pesemään
Kangas / joka sodassa nostettiin mastoon
Kuolontelttana / kylmänä
Meitä nyt lämmittää

RONGOTEUS

Toi ikipuron tuolta puolen
Suuren hauen hampaista jauhettuja siemeniä
Kaadettua puuta pitkin ylitti veden
Hailean taivaan sinisen

Tulisella kaskikirveellä
Raivasi huhtaa
Rongoteus / kivenhalkeaman kätkö
Toi siemenet Kalevaan

Vaan kaatuneesta puunrungosta / ruuhi kovertaa olisi
pitänyt
Jumalien orjan sierainarpi ei koskaan umpeudu
...
Rongoteus
Opetti Kalevan viljelemään ruista / suksensauvan
korkuista
Lakoontumatonta
Herkuttelemaan luuytimellä ja kalanmädillä

Rongoteus
Saunoi ruumiiden pesuvedellä heitetyissä löylyissä
Saunoi ruumistuvan lattiaa lakaisseilla
Kylpyvihdoilla

Vaan kaatuneesta puunrungosta / ruuhi kovertaa olisi
pitänyt
Jumalien orjan sierainarpi ei koskaan umpeudu
...

Se / josta ei pitänyt
Vetäisi umpisolmuun
Tunki oksaisen halon häntäluun alle
Keitti kynimättä höyhenineen

Se / josta ei pitänyt
Sai vain vanhoja akkoja pitkätissisiä
Pestessään heittivät utareensa olalle
Oikealle ja vasemmalle

Vaan kaatuneesta puunrungosta / ruuhi kovertaa olisi
pitänyt
Jumalien orjan sierainarpi ei koskaan umpeudu
...
Rongoteus
Joka syntyi aikaa ennen kuivaa maata
Tervasi kuun sirpiksi / Kalevalle lahjoitti
Ja jumalien kostoa / sininen hirvi ratsuna

Pakeni Pakeni Pakeni

Jäljistään tuli ansoja pauloja
Kuoppia / joista ylös ei kavuta
Jätti taakseen maailman pahan
Johon ei voi vaikuttaa

Jumalien orjan sierainarpi ei koskaan umpeudu

HARMAA SALAMA

Ukkosen kaatamista koivuista saa
Parantavia löylypuita
Vapauttavat voimaa ja viisautta
Sanattoman löylynhengen loitsun

Heitin vettä kiukaalle
Kiviltä nousi kuolinvarpunen
Koivut löylypuiksi oli kaatanut
Harmaa salama

Heitin vettä kiukaalle
Kiviltä nousin harmain siivin
Koivut löylypuiksi oli kaatanut
Harmaa salama

Vapaa on voimani ja viisauteni
Taivas ei enää sylje kasvoilleni

JUMALIEN ALOITTAMA SOTA

Riehuu metsissä aavejousimiesten
Hitaasti virtaavien / saveen ja tuleen matkaavien
Erämaajokien varsilla
Sapella märitetty

Aavejousimiesten punaiset kanteleet
Ovat alisiin korkeuksiin viritetyt
Korvat vuotavat ja otsat helmeilevät
Verta

Mitä etsivät jumalat
Omaako kuvaa palavasta järvenpinnasta

Missä on veitsi kivivarjoinen / jolla sormen keskimmäisen
Aavejousimiesten / kädestä leikataan
...
Aavejousimiesten punaiset kanteleet
Ovat impyeiden kielien jänteistä viritetyt
Korvat vuotavat ja otsat helmeilevät
Verta

Heitoköysien silmukoiden päätesolmut
Kestävätkö aavejousimiesten voiman

Mitä etsivät jumalat
Omaako kuvaa palavasta järvenpinnasta

Vaikka yhden hakkaa alas / kaatuu se kelsoksi
Vaikka yhden taistelun voittaisi / kääntyy se marrakseksi

Jumalien aloittama sota
Käydään Suuren salin / keskustulen hiljaisen sinisen
liekin ääressä
Kasvottomien kesken

RUOKA KULKEE MUKANA

Peurannahkanyöritetyt saappaat
Pohjineen / kuluneet / syöty
Hurja joukko tarpomassa kohti
Taivaan ja maan yhtymää / jäistä Pohjolaa

Nälkä lämmittää lihan suussa
Tuo elämän vatsassa / ruuaksi
Vahvemmille selviytyjille
Heikentyneiltä

Kun hiihdetään nopeasti
Vaarallisia reittejä
Määränpäähän / johon on saavuttava
Ruoka kulkee mukana

Jotta kesällä valinnat olisivat verettömiä
Talvella
Miesten vuodenaikana
Ruoka kulkee mukana

VÄIVETURKKI

Sieraimeeni
Osasin työntyä
Itseeni kadota
Olemattomaksi muuttua

Osasin paeta
Osasin piiloutua
Paeta / pelästyttyäni
Papanoida

Väivettä turkki täynnä
Huusin vasta ketun hampaissa

SONNINSARVIKYPÄRÄ

Jumalten unohduksesta
Nostin / usvankaltaisen lehmisavun suojakseni
Pitämään paarmat ja sääsket
Loitolla

Näkymättömien seppien keskeneräisistä takomuksista
valoksista
Tein / haurastumattoman rautaportin suojakseni
Pitämään näätänaamaiset
Loitolla

Kallioiden alta
Nostattamani puuryteikkö / ei kuitenkaan
Estänyt metsään eksyttämieni haaleitten varjojen
Huutoja
...
Edessä oli järvi / jossa vedettä kalastettiin
Ja kuuhun saattoi astua

Kuu nousi kallion alta / sorkan painallus hopeassa
Minä / syksyn ottopoika sonninsarvikypärä

VANHUUS

Minulla oli vasken väriset hiukset / kuin
Jumalilla

Heitin pihkavettä kiukaalle
Hengitin metsää sisääni

Istuin lauteilla lonkillani / kuin
Suuren pesuueen siittänyt susi

Pesin vasken pois hiuksistani
Paljastin hopean tukastani

Pihka puki ylleni
Kellastuneen viitan

Päälleni vihdottiin vanhuus

RUJO

Olin niin rujo
Ettei mutaisinkaan lampi
Halunnut kuvajaistani
Peilata

Olin niin pelottava
Ettei rosoisinkaan kallio
Uskaltanut kasvojani
Nähdä

Tiet joissa kuljin
Sylkivät päälleni
Väänsivät nenäni / niin että
Syksyn sade kasteli sieraimeni

En uskaltanut hengittää ulos
Sammuttaisin vihreän auringon

Päälläni oli kuollutta nahkaa / joka
Vielä viime talvena
Karvat pörhistyneenä / vaani sarviaan pudottamattomia

Hirviä

SAAPPAAT

Minulla / liian pienet saappaat
Hän / jolla oli liian suuret saappaat
Käski
väisty katajikkoon!

Suljin hänen sanansa kämmeneeni
Löin sanoilla häntä takaisin
Vaihdoin saappaamme
Hän ei / saappaita enää tarvinnut

VIHOLLINEN

Hän yritti sammuttaa
Kiukaani
Heittämällä
Kivilleni

SYKSYN SILMUT

Katkomista odottavassa
Kuolleessa koivussa
Mahallaan makaavassa
Syksyn silmut

Kuivunut kevätpuro
Ei jaksanut kauemmaksi raahautua

Makasin mahallani

VALKOINEN VALE

Tulivat kerran kolmessakymmenessä vuodessa / kylään
Vaalea tietäjätär ja häkki
Risuristikon takana / jalaton kädetön silmätön kieletön
Ihmistorso / säkkiin puettu iso muna

Tietäjätär leikkasi ihmismunan hiukset
Alta paljastui päänahkaan tatuoitu
Salaisuus / mikä näytettiin yhdelle kerrallaan
Valkoinen vale
...
Lähti kerran kolmessakymmenessä vuodessa / kylästä
Yksi / jolle oli näytetty salaisuus
Päänahkaan tatuoitu
Valkoinen vale

MAAILMAAN JOSSA IHMISET SEURAAVAT VARJOAAN

Vedin väkäpäistä / ampujan korvattoman orjan
Teroittamaa
Valkoisen kärpässienen / maltoon kostutettua
Vahvalla väellä loitsittua
Sepän takomaa nuolenkärkeä

Sydämestäni

Huusin taivaanrannan taakse
Huusin

Sinne missä
Sateenkaari kääntyy väärinpäin

Sydämeni pysähtyi

Vereni alkoi virrata / kuin
Kosken kiviset vedet
Kohti yläjuoksua

Väkäpäinen
Valkoisen kärpässinen maltoon kostutettu
Vahvalla väellä loitsittu / sepän takoma
Nuolenkärki sykki kämmenelläni

Maailmassa / jossa ihmiset seuraavat varjoaan

MAAHERRA

Kivien tuomiolle en sinua saanut
Kalanruotolettejäsi vain kullallani koristit
Kivien tuomiolle en sinua saanut
Risuisen talvivihdan minulle vain jättit

Kuolit
Kultaisen päreen väpäjään
...
Maaherran herätin
Kaadoin väkevää olutta
Putken läpi
Haudan sisään

Maaherra matkasi / missä
Itketään kellastuneita neulasia
Maaherra haki kalanruotoleteistäsi

Kultani takaisin
Risuisen talvivihdan sinulle vain jätti

METSÄSTYSRAUTOJA

Kuutamon omana
Hopeista hankea
Kohti kuuta / latu
Painoi mustelmat maahan

En ollut
Turkismetsästäjä

Hiihdin metsästysrautoja
Kaksijalkaisille

PERKELE!

Taivaaseen asti
Kohosi
Pitäjän levyinen panssarikaarnainen mänty

Kaadoin / sen puukolla
Isältä saamallani
Perkele!

Puukon kaivoin roudasta
Perkele!

Verimykyjä hikoilin

SAVUTEN TUHKAANTUEN MAATUEN

Huomasin henkeni
Valjastavan hevosta reen eteen
Kusenpolttamien seinien sisällä
Oli vaikea asua

Huomasin lattiani
Tappava / sille kuni saappaansa asettaa
Kuparin maku leviää
Suuhun

En pystynyt keräämään
Kielelleni sylkeä

En pystynyt nielaisemaan aarrettani
Se suli arvottomaksi suussani

Savuten tuhkaantuen maatuen
Minä jäin
Reki lähti pakkaseen

POLKU JONKA KADOTIN

Katsoin kuvajaistani
En löytänyt itsestäni syntymämerkkejä
Synnyin suolaisesta kohdusta
Kohtalo / löi varjoni kiinni seinään

Oksaveistosten johdattamana yritin
Löytää
Polun / jonka
Kadotin

Vaara avautui polukseni
...
Koiraskurjen kokoinen nuija kädessäni
Kuljin ajantaitteensolan yli
Paikalleen tapetun jättiläisen
Luurankosiltaa

Kannoin vihellystä korvani takana
Vihellyksen heitin maahan / kun
Tarvitsin
Multia turkistaan ravistavia koiria

Kuu käski vettä
...
Päivällä näin auringon
Yöllä näin tähtiin
Linnut kärventyivät
Kesken lentonsa

Tein tekoja / joista jumalat
Jäivät minulle palveluksen velkaa
Harjoitutin käteni nuijaani / koiraskurjen kokoista
Vahvemmaksi

Teräs menetti kiiltonsa

...

Löysin itseni ruumiiden keskeltä
Päässäni vain puolikas kypärä
Sisällä
Kiinnipalanutta tukkaa ja ihonpalasia

Jumalat olivat minulle palveluksen velkaa
Jumalat irrottivat voimakkaimmilla pihdeillä kiinnitetyn
Kahleen nilkastani
Valonauhaksi

Poluksi otsani ympärille

HAISTA PIMEYS

Jos pystyt haistamaan pimeyden
Pimeys pystyy haistamaan sinut
Sillä on / nurkan taakse katsovat
Kasvottomat silmät

Miten katsoa pimeyttä
Häikäistymättä

Miten ottaa pimeys iholle
Palamatta

Miten sytyttää pimeys
Lämmitellä äärellä

Pimeydessä haihduttaa ääriviivat
Hälventää sumu vuorenhuipun yltä

Nähdä

VARJON SUOJA

Se kasvaa valossa
Täydessä mitassaan se
Johtaa meidät
Pimeyteen

Varjo voisi meidät pelastaa
Harmaus värit säilyttää

PUNAISET PISARAT

Ihmettelin

Miksi / kylki tuntui kostealta
Koska taivaalla ei näkynyt pilviä
Eivätkä sadepisarat ole
Punaisia

Huusin

En halua
Kuolla samassa
Maailmassa / jossa
Synnyin
...
Punaiset pisarat yltyivät sateeksi

ERAUS

Äiti
Yritti
Ensiksi rintamaidolla myrkyttää
Seuraavaksi rintamaidolla tukehduttaa

Äiti
Haki
Kippoon hunajaa / mesilähteet Tuonenvirran rantamailta
Auringottomuuden paikkeilta

Minne mennä / kun ei ole paikkaa minne mennä
Terän reunustama polku
Miekka
Oli vastaus

Olin valmis kulkemaan harhaan / vaikka lopullisesti
Löytääkseni oikean polkuni

Kostin tappamalla kaikki laululinnut
...
Matkallani tuliperhoiset lensivät tuhkaisin siivin

Matkasauvani kämmentä vasten
Miekkani kämmentä vasten
Mela kämmentä vasten
Kaiverrettu / kärytön pärevalo

Virtojen yhtymässä
Pyörre
Imi kaiken kaikki
Oksat tukit saukot hauet / jopa niiden varjot

Pohdin miksi
Pohdin mihin pyörre johtaa
En keksinyt vastausta
Päätin ottaa itse selvää

Kostin tappamalla kaikki laululinnut

SIELUN SOLMU

Kalastin / kuun lammen pinnalta
Kuu kuvastin
Peilasi valoa rajan takaa
Jumalten maailmaa

Pahat jumalat
Päässään hevosen harjaksista tehtyä tekotukkaa
Suupielet korviin asti / leikattuina / auki
Hymyilivät kuin sammakot

Pahat jumalat
Olivat vaeltamassa / jumalaani kuohitsemaan
Minä lähdin / jumalaani varoittamaan
Auttamaan
...
Jumalani kohtasin varoitin
Hän kiitti
Kartanonsa / katottoman ovenpieleen
Sitoi sielunsa solmuun

Lupasi kiitokseksi uhriksi / solmun avata
Jos pelastuisi

Kalmankoirat
Hiljaisina haukkumattomina perässämme maailmaani
Jumalani ihmisenä joutui
Piiloutumaan
...
Piilotin
Ahdin valtakuntaan
Merenpohjaan
Pystyi hän siellä hengittämään

Aamut / oksensin raskasta suolavettä

Piilotin
Löylykivien alle
Kiukaaseen
Pystyi hän siellä hengittämään

Päivät / yskin tuhkaa keuhkoistani

Piilotin
Suon mättääseen
Turpeeseen
Pystyi hän siellä hengittämään

Yöt / syljin sammalta suustani
...
Pahat jumalat
Käänsivät lammet ympäri
Raastoivat ennestään jo hiomattoman maan
Hakkasivat puut verisille lehdille

Heinänkorret katkesivat ja kuolivat

Mutta jumalaani eivät
Pahat jumalat
Löytäneet

Minä en pystynyt hengittämään
...
Jumalani
Selvisi palasi
Kiitokseksi uhriksi / sielunsa solmun
Avasi

HAUDATKAA MINUT SARASTUKSEEN

Seurueeni
Tekee tietä jopa
Jäniksille hiirille päästäisille
Kolmesataa

Uskallamme kuitenkin hakea puita
Valokehän ulkopuolelta
Kuolleen nuotion / mutta ei kuopatun ympärille
Kolmesataa

Eksymme perille
Vaikka / ilma luhistuisi romahtaisi
Hautautuisi päällemme
Kolmesataa
...
Kuolla voi vain
Yhden ainoan ja viimeisen kerran
Mutta / me teemme sen
Toistuvasti

Kuolla voi vain
Yhdellä / siksi parhaimmalla tavalla

Haudatkaa minut sarastukseen

KÄPÄLÄKÄSI

Kädessäni tärisevässä
Miekka
Käpäläkädensijainen
Maitia hohkaava

Se
Haistoi maailman
Maistoi maailman
Näki maailman / kuin susi

...
Pystyit
Näkemään korvasi jos jatkoit

Pystyit
Näkemään leukasi jos et lopettanut

Pystyit
Näkemään silmälläsi silmäsi / heijastuksettoman

...
Paljain / käpäläkäsin
Katkaisin
Ranteet suonet ja kaulavaltimot
Miekkani hohkasi maitia

KIVEN SIEMEN

Päähäni heitettiin kivi
Pitelin nyrkissäni kiveä
Söin kiven
Sylkäsin / kiven siemenen kämmenelleni

Istutin / siemenen multaan
kasvatin kivestä suuren ja monihaaraisen
Hedelmiä kantavan
Lintujen pesille / paikan antavan

OSA II

HALKOSAVU

Jalkovälini mesileilit
Täynnä velholientä
Tuohitiinuni pursuvat

Isältäni saamasta puukosta / tein
Äitini istuttamasta puun oksasta / tein
Keihään

Routajumalana
Nousin esiin / kun
Ikijää sulaa / kostaa veteen kaikki
Hukuttaa

Hitaasti palan / kuin
Haapapuu
Henkeni tanssiin
Halkosavun kanssa

MAANKUUNTELIJA

Laajakaarinen jouseni / monesti lovettu
Kirkas ja kylmä / kuin
Pohjolasta laskeutuva joki / tähtäsi
Uppotukkeja

Nuoleni ammuin / vaikka
Paksujen mäntyjen läpi
Sinisen udun läpi
Kylmänpunaisen unen läpi

Kotkan jalkajänteen
Jännitin

Kuuntelin maata
Jumalten varjottomassa kaivoslaaksossa

Uppotukkini ui vastavirtaa

KAIVOSTA JÄRVEEN

Uutterat
Ihmiset vaativat kaikkien
Olevan yhtä ahkeria / kantaessaan vettä
Painavin ämpärein

Kaivosta järveen

KIVILAUMA

Lähti saalistamaan / oli
Talvi kevät kesä syksy
Satoi / vettä rakeita räntää lunta
Aurinko / paistoi pilvessä

Kivilauma
Päätti saartaa saaliinsa

Tiesivät
Ajan olevan heidän puolellaan

YMPÄRILTÄ YMPÄRILLE

Isoilla kivillä ei ole juuria
Silti / isot puut niiden ympäriltä
Kaatuvat juurineen
Kivien ympärille

Puumuuriksi / ajantuulessa murentuvaksi

PYYKKIPATA

Tyhmyydessämme emme tajunneet
Siinä pyykkipadassa
Sarkavaate pestään
Kantajansa päällä

Kuten / pahanilkinen lapsi leikkii
Kääntämällä leppäkerttuja selälleen
Vasaraansa heilutteleva Sota-Ukko / leikitteli meillä
Maassa ruhjottuina makaavilla

Kuten / uloshengitetty ilma
Muuttuu painostavaksi liikkumattomaksi
Raskaaksi
Mekin muutuimme

Luulimme kestävämme taivaasta iskevän tulen
Tarttuessamme sodan tukkaan
...
Me sotaleipää syöneet
Heitimme lampeen kukin kiven
Jonka palatessamme sukeltaisimme
Takaisin

Nyt lampi on umpeen täyttynyt
Pyhä
Täynnä selällään uivia
Kuolleita kaloja

METSÄSTÄJÄ

Puut elävät laumoissa
Nimeltään metsä
Puut eivät metsästäessään jahtaa
Puut eksyttävät

Metsän pimeys on haettu
Yötaivaan tähtien välistä
Metsään unohdettuja päiviä
Ei voi hakea takaisin

Muiden alkaessa pelkäämään pimeää
Metsä herää
Saalistamaan

YKSIN

Minut jätettiin / yksin
Puolustamaan
Linnoitusta / jonka linnanmuurin sakarat olivat
Tasoittuneet

He kantoivat keihäitään
Kyynärvarressaan
He kantoivat keihäitään
Polvellaan

HANNUNVAAKUNA

Ikikarhu
Suuren metsän kontio
Vesilintujen palattua / Suuren Tietäjän synnyttyä
Hunajaisella kielellä / pennun kultaturkin nuolee

Ikikarhu
Tietäjän tähtitaivaana luolana lampena
Kun on aika / Suureen metsään saattaa / vesilintujen
lähdettyä
Turkilla / hohtavilla revontulilla

Ikikarhu
Voimaväylän räntään puskee
Kantaa Tietäjän / itikkaisten soiden yli
Murskaa sylissään / pehmeissä myllynkivissä / paha-
aikoiset
...
Ikikarhu
Etukäteen / muinaisten miesten männiköt nuuhkii
Kaatuneiden kelojen multaiset juurakot
Varjokaan ei seuraa

Vain mahtavat pystyvät ottamaan
Alastoman totuuden
Päättymättömän matkan
Kaatumatta sortumatta / vastaan

Tietäjän viitan solkena
Meripihkainen hannunvaakuna
Kauniina surullisena / loppumattomuuden kuviona
Jumalien salaisuutena
...

Pitkän vihaisen kylmän talven
Nukkuu Tietäjä karhunpesässä
Jumalien unessa
Suuressa metsässä

Viitan kaksoiskiekot
Tietäjän aurinko ja kuu
Valaisevat / koivikon haavikon kuusikon
Valottomat varjot

Arvoitus
Hannunvaakunaan kaivertuu
Jumalien kaunis surullinen
Salaisuus
...
Elämä
Olematonta tyhjää
Kuin syntymättömän lapsen
Ei mitään

Tietäjän viitan solkena
Meripihkainen hannunvaakuna
Kauniina surullisena / loppumattomuuden kuviona
Jumalien salaisuutena
...
Tietäjä
Kehii hannunvaakunan juonteet auki
Sulattaa / pajattaa sopottaa / ihmistä suuremman
Lauluissa lauletun

ALKUTEKOJEN TUULETTOMALLA VUORENHUIPULLA

Luomattomat jumalat
Käräjäkiviensä piirissä
Neuvoa / kaiken etukäteen jo tietäen
Pitämässä

Antaako hannunvaakuna / verkaviittaan
Kuolevaisille

Tarkoitusta suurta
Ihmisille

Kaskeajille metsästäjille
Lohikalastajille
...
Sammaksen maailmaan pystyttävät
Ansapolut / ympärille painavat
Kaarneen liitämään taivaalle
Maailmaan / jossa itsensä on puhallettava ulos

Uhrilehtoja maailmaan istuttavat
Ansapolut / ympärille painavat
Pahaa huminaa taivaalle
Maailmaan / jossa elää voi vain talvesta selviytymällä

Loskassa kyyhöttäjien heimo
Alkutekojen vuorenhuipulta
Saivat verkaviittaansa
Hannunvaakunansa / neliapilansa

Ja sotaketonsa

HARMAA KALLIO

Työnsin hänet
Kämmentyvelläni kaliioon

Vikuroiva katse
Ei auttanut / pikemmin joudutti

Hänen ei olisi
Kannattanut tulla
Keltapunaisella viirillään / pitäjääni
Hakemaan orjia

Nyt hän on harmaassa kalliossa

KOSTO

Vesi järven / kiipesi
Rantakalliota ylös
Laskeutui laaksoon kylään / kosti kaikki
Airojen melojen iskut / hukuttamalla kaikki

Mutta
Ei enää osannut / takaisin kotiinsa

POHJOISRINNE

Pohjoisrinteen kaltainen
Valosta vähän nauttiva
Viileä tumma
Minä olen

Otsaluuni on murtunut

Silti
Paluumatkani on pehmeää
Kävelen kotiin
Saappaat täynnä verta

Pohjoisrinnettä alas

RASVALANTEINEN SOTURI

Katkoi reiden paksuisia pölkkyjä / polvellaan
Juoksi jäniksen kiinni / nappasi korvista
Pystyi seuraamaan muurahaisen jälkiä
Talutti kontiota / etu ja keskisormi otson räkäisissä

Sieraimissa

Vyörysoran kaltainen kädenheilahdus
Myrskypilvistä taottu salamoiva kypärä
Silmän maailman ulkopuolelta tullut
Rasvalanteinen soturi

Hänen nauruaan oli vaikea erottaa itkusta
Hän antoi kuokan vasempaan
Miekan oikeaan
Käteen
...
Palkkansa sai pohjastaan rikkinäiseen säkkiin

Kannan / rasvalanteista soturia
Velttoa kuin luutonta

Mistään ei löydy polullepaluun jälkiä

PIIKKIPÄISEN KEPIN TIETÄJÄ

Hän on niitä / seistessään pienempi
Harmaapäinen kasvoton huppupäinen
Pää ilman ruumista
Kepin päässä

Avaa silmänsä / irtihakattu pää
Ääni on kuiva kuin erämaakaivo
Ääni on kielettömän
Jumalten rangaistuksen kokeneen

Avaa kävyllä / suljettu vesileili
Kaada räntäsateesta sulanut vesi
Suuhun
Kieletön suu puhuu

UHRIPUU

Uhripetäjä ristikantoinen
Yläilman temppeli
Kappeli valtakunnan juurakkojen
Mullan

Sulle uhrin annoin
Mettä mehiläisen
Kallolla otson kannoin

Maanväki moreenin humuksen
Luotteita loitsuja
Taikoja tarvitsin

Rajantakaiset tyhjät näkymättömät
Kestiä juomaa ruokaa
Ottivat

Kuusisauvani ryhmyihin
Liekkejä vaajoja antoi
Raudan ja tulenväki miekaterän
Taittoi

Veriurasta hurmetta maistoivat

Huppuviittani saumoihin
Seittiä hopeaista
Kirjoivat

Kaivosta maanalaisesta
Vettä kantoivat
Lähteen sisältäni
avasivat!

TAPIOLA

Telkkäpoikasten ilmasukellus / pesäkolosta
alas
Kohti järveä
Kohti emoa

Sääksi lentää
taivaalla
Hauki lepää
veden mudassa

Sudet ja karhut
taistelevat
raadosta letolla
hyttyspilvessä

Metsäpeuranaarailla / kiima
Urokset lyövät
sarviaan yhteen
Ei elämää ilman taistelua / kuolemaa
...
Sammaleinen kallioistuin Metsän Herraa / odottaa
Tapio näkee
Tapio kuulee
kaiken

Pohjolan arvomarjat / mättäät
ovat hänen ja
metsänväen

Soiden virvatulet
Ylväät pystyt kurjet
Mäyrät ja villisiat
Tapiolaa / vartioivat

Vihreän valtakunnan poluttomassa ytimessä
pohjaton lähdelampi
Reunat / alkaneet kuroutumaan umpeen
teräsjäähän
...
Sammaleinen kallioistuin Metsän Herraa / odottaa
Tapio näkee
Tapio kuulee
kaiken

Soiden virvatulet
Ylväät pystyt kurjet
Mäyrät ja villisiat
Tapiolaa / vartioivat

Vihreän valtakunnan poluttomassa ytimessä
pohjaton lähdelampi
Reunat / alkaneet kuroutumaan umpeen
teräsjäähän

MIEKANKÄRKI

Ensimmäinen
Lumentulo muuttaa maan
Vihreä vetäytyy
Harmaa herää

Ensimmäinen
Sotaretki pukee nuorelle miehelle
Lämmittämättömän takin raskaan
Kuin arven / haavan suojaksi kasvaneen

Paha / lähtee kyllä pois
Kaarnaisen ruven
Parantavan
Kaltaisesti
...
Ne tulevat uniin
Ne
Joita kutsumme
Kuolleiksi / savunsa kadottaneet liekit

Silmissä / jäässä kauan olleen
Mutta äkisti sulaneen
Märän mullan
Väri

Näkee / muille näkymättömiä
Paikkaansa etsiviä
Lähteitä lehtoja muurahaispolkuja
Metsässä jossa hiljaisuus on kuolema

Ei hän enää itke
Suolaista poskelle
Punainen on kyynel
Sieraimesta

Sota ei lopu kotiinpaluuseen
Aallot hukkuvat järveen
Musta uroskukka
Avaa lehtensä yön aamulle

...

Miekan kärjen
Ylös taivaisiin johtavan vuorenhuipun
Verenvärisiin kekäleisiin / kuumentumaan lepäämään
Painaa

Miekan kärjen
Ylös taivaisiin johtavan vuorenhuipun
Ihoon / poltettuna merkinä
Painaa

NUOTIOTULEN KOHENTAJA

Tämän maailman pitäjien
Valloitus
Ei riitä!

Auringon laskusta
Auringon nousuun
Utua / usvan hiilloksia
Kohentanut olen

Tulisen kosken olen taltuttanut
Kuolleiden kylän metsän / tulvavedellä peittänyt
Kuin melahäntäinen
Padon rakentanut majava

Punaruskeaa turpeista
Vettä pois vievää
Suopuroa pitkin
Valun pois

Jos jään
Voimani imee vedet
Puilta pensailta kukilta / kuin syksy
Juureni ovat liian syvät ja laajat

Pohjoistuuli soittaa kuusimetsän puunrunkoja
...
Hikeä valuttamattoman auringon maahan
Missä hannunvaakunaiset / jumalien pelosta vapaina
Metsien lehtioksien / taivaan alle
Kultajalaksisen rekeni ohjaan

Voimaa tuntematonta / Syvää laajaa kuin Laatokka
Minkä edessä mahtavimmatkin polvistuvat
Suurimmatkin tietäjät tottelevat
Sitä etsin

Mittelöön / suolle jääriitteiselle / Sen taivuttelen
Tulta / sinistä punaista / taivaallista kohentelen
Voimaa tuntematonta
Koettelen

Ehkä kiskon etsimääni lumipilvessä
Rekeni perässä
Kahdentoista hevosen vetämässä
Koko kylmän talven

Tai
Kaadun kuin lumet oksiltaan / pölläyttävä kalliokuusi
Tammikuun yö peittää silmäni
Punainen jää täyttää murskan suuni

Jalakseton rekeni palaa
Tyhjänä takaisin / ilman ajajaa
Ilman näkyvää
Ohjastajaa

Tämän maailman pitäjien
Valloitus
Ei riitä

Pohjoistuuli soittaa kuusimetsän puunrunkoja

PAHA RAUTA

Kuin suo olen / ruis ei minussa kasva
Rauta minussa on paha
Ei se peltoa / auran tavoin kynnä
Kylmä laskeva aurinko

Paha rauta
Ei rakenna
Ei korjaa / janoinen on
Kylmä laskeva aurinko

Se / mikä silmäkulmassani
Iltatuulen varjoissa liikkuu
Sen valaisee / heikentyvä
Kylmä laskeva aurinko

Kuin suo olen / ruis ei minussa kasva
Rauta minussa on paha
Ei se peltoa / auran tavoin kynnä
Kylmä laskeva aurinko
...
Jumalat eivät multaista huutoani kuule
Voimani / eivät suosta minua nosta
Paha rauta / kylmä laskeva aurinko
Tahdoksi elää / ei kuolla

Suutu!

Kolmen peukalon kokoiseksi / suosta nousevaksi
Pieneksi mustaksi
Ihmistä / jumalia vahvemmaksi mieheksi

Muutu!

Suutu paha rauta
Pieneksi mustaksi mieheksi / muutu
Suosta kolmen peukalon kokoiseksi

Nouse!

Kuin suo olen / ruis ei minussa kasva
Rauta minussa on paha
Ei se peltoa / auran tavoin kynnä
Kylmä laskeva aurinko

PERKIÖ

Kuin tuuli / kaataa
Repii puut juurineen
Niin myös / Hänen voimansa oli
Näkymätöntä

Raivosta nousi kiviä
Mahtavin kulki
Turve ja kivimyräkässä
Kujanjuoksun

Muut kivet kumarsivat Häntä
...
Mahtavimman kiven

Silmät
Kuin pimeät
Varjoja syövät
Luolansuut

Sammalkulmakarvat
Kuin nenänselän yli kasvaneet
Taivaan ja maan erottava
Olemattomuuden viiva

Suu
Kuin kaksi
Punaruskeaa päällekkäistä / kaiken hotkaisevaa
Matoa

Muut kivet kumarsivat Häntä
...

Kivet / aloittivat hitaan
Vain kuun tähtien auringon
Huomaavan
Maan muokkauksen

Korvattomina
Kivet eivät kuulleet
Metsän huminaa
Vain / maan muminaa

Ilmattomin keuhkoin
Kivien ruhtinas huusi / hiljaisia sanoja
Kuin saraheinää
Aikaa viiltävää

Muut kivet kumarsivat Häntä
...
Viimein raivattu

Lehdistöstä alas karisseessa valossa
Mistä voi viedä aarteita sinne
Mistä ei voi tietää
Perkiö

SEITSEMÄN NELIAPILAN NIITTY

PROLOGI

Piilossa / salojen saleissa lampi
Pinnan alla kivikaiverrus vedenalainen / viirukirjoitus
salainen

Keittonuotion / toivon harhakuvitelmien
Polttopuut / kuluneet loppuun olivat
Hämärän hetki
Lauloi

"Nuorukaisen kevyt viitta / vaihdettava
Miehen raskaaseen / hylkeenrasvalla öljyttyyn
Harmaaseen viittaa
Eine syötävä kylmänä

Kuka on hylännyt jumalten tahdon
Veistänyt itse kohtalonsa / variksennuolen
Ei voi syyttää / kuin omaa / jänteen vapauttanutta
Kättään"
...
Tietäjää ei viedä
Tietäjä lähtee / hetkien väliin tungetusta elämästä
Turhasta / kuin pois syljetty
Luumunkivi

Katajanmarjainen suru
Lamasi jalkani
Kivet askelteni alla / hiekkaa jauhaviksi
Lyijysaappaiksi

Entinen ilokas / nyt irvenaama
Hiidenkarvavuoratussa puuhuotrassa
Kuolleiden / elottomassa / veressä karkaistu
Ulfberth

Parantaja
Olin / paransin ihmisiä elämästä / kärsimyksistä
Hannunvaakunat revin irti tietäjiltä
Teilllä oudoilla / taioilla rauenneilta
...
Jotokseni alku
Loppu / jonka vain Pohjolan tähdet
Jumalten öiset silmät
Näkivät

Ukkoakin mahtavampien / pelottavien voimien
Nostattamista myrskyistä
Voimasanoilla noidutuilla / omilla
Selvisin

Yhteenkään jumalaan ei ollut luottamista
Tukeuduin vain miekkaani
Auringosta / pilvien takaa / iskemään opetettuun
Tuulihaukkaani

Minä
Kumpuihin haudattavien sukuun kuuluva
Ensimmäisen paransin
Hänet nyljin
...
Liekehtivästä ihmistaljasta / noitarummun valmistin
Mädäntyneen hauen / sitä syövien matojen muotoisten
Pohjoisten
Pilviretaleiden alla

Veren kuparilemu oli
Sakea
Siihen olisi voinut sekoittaa tinaa
Pronssia valmistaa

Syyliä ja märkiviä luomia täynnä olevalla / kalullani
Ketään ei enää tehty tiineeksi
Se
Kasteli vain lahkeeni

Minä
Kumpuihin haudattavien sukuun kuuluva
Rummun lyönneillä tylyillä
Loitsutuilla jylyillä / toisen halvasin
...
Halvatun paskasta / matoisesta
Hajupallon pyöritin
Pohjoisessa / sisarustensa Etelän Lännen Idän
Karuimman veljen heimomailla / ankarilla

Löydettyäni edestäni
Vain omat jälkeni
En voinut muuta kuin asettua
Sammaleelle

Olin aina katsonut
Vihollistani silmiin / lyöntikohdan paljastaviin
Soturin terävin ase / luja usko kohtaloonsa
Itse valitsemaansa / päälle pukemaansa

Minä
Kumpuihin haudattavien sukuun kuuluva
Sonnan hajulla pahalla
Seuraavan kuristin

...

Kuristetun peukalosormustimet hopeiset
Käsiini puin / kuin ilveksen tassunkynnet
Pohjolan mailla / jonka kansan elämän tarkoitus
Talveen valmistautuminen / talvesta selviytyminen

Mielenlaatuni / kuin jumalilla
Menestykseni maksoin kuitenkin
Kärsimyksillä / pihkamaljaan sekoitetulla
Suolavedellä

Tuohisankoni
Mustikat puolukat
Vanhojen naisten / jo kuihtuneitten kupeitten
Marjoja

Minä
Kumpuihin haudattavien sukuun kuuluva
Peukalosormustimilla hopeisilla / neljännen silmät
Silmäkuoppiin luisiin painoin
...
Myrkynvihreästä silmäpuurosta
Myrkyn keitin
Maakunnassa / jossa kuokat teroitettiin
Routaan / kuin uhkaan

Ilmarin pajassa / orjamerkin otsaansa saaneiden
muoteissa
Valetut nuolenkärkeni
Ruostuivat paskanruskeiksi / luvuttomien räntäisten
seikkailujeni
Hirviöiden luurangoissa

Hiljaisuudesta hakemani sanat
Lensivät tuulen vieminä pois
Kuin Syksyn kellervät punervat
Pihlajan lehdet / lounaaseen

Minä
Kumpuihin haudattavien sukuun kuuluva
Myrkkyellotuksella / viidennen / kielen
Kärpässieneksi syötin

...
Viimeistä parannettavaa
Kauan etsin / lopulta löysin
Luolaan / hiidenkirnun piimällä elävien / heitin
Tahmeaan / pimeyden kutomaan / seittiin

Mustat / lätäköistä juovat
Seuralaiseni
Ympärilläni kuin mäntyerämaan
Yksinäisyys / nuolivat haavani

Vainovalkeiden valossa
Kuolemaa taivaanrannassa kuin usvaa
Muu ei auttanut / oli pyydettävä / Melahäntien herraa
Avaamaan padot

Minä
Kumpuihin haudattavien sukuun kuuluva
Luolan harsoon / pimeyden valon seittiin / kuudennen
Viskasin

...
Yksi uupui seitsemästä / hannunvaakunaisesta

Laskin itseni
Virtaan veneessä / tulessa palavassa
Kuin yöpuulleen painuva / kuoleva aurinko
Aamulla uudelleen heräävä

Kumpua en itselleni rakennuttanut
Vetiselle paadelle itseni asetin
Ulapalla kellui
Tyhjä vene

Seitsemän neliapilaa niityllä kasvoi
...
Kun Kihovauhkonen nähdään taivaalla
Maailmanloppua lentämässä
Seitsemän miekkamiestä pukee Kalevan niityllä
Maan vaatettamat / hannunvaakunaviitat ylleen

Vain kuolleet
Voivat miekkansa / Kuoleman lihaan
Luuhun asti lyödä / revontulissa polttaa
Maailman pelastaa

PUNAVIITTA VERENSEISAUTTAJA

Metalliakselisilla korskeilla hevosvaunuilla ajaneet
Valloittajat / orisolkiset jääsinisilmät
Kultakoristeiset
Götan miekat

Uuden uskon pystyttävät
Uuden Jumalan vereen / syksyn väreihin
Kalevan kastavat
Tapion metsät polttavat

Yhtymäkohtaan suurten virtojen
Vesilintulauma / Kalevan käpyiset lapset
Katumajärven rannalle
Uuden kylän rakentavat / peseytyvät
…
Viljakapat pysyvät tyhjinä
Vain kurjuus nostaa kukkuraansa
Asujaimen pellot
Mahoja hiekkaisia / kuolleen äidin / kohtuja

Viljakapat pysyvät tyhjinä
Uniko vain / Taivaan pilvivenheet
Kurjuudesta pois voivat viedä
Kuun ja tähtien yöpedille

Onko nyt aika

Aarrearkku kätkeä
Jonka sisältö koskettaessa / tappavaksi muuttuu
Tapparoiksi keihäiksi / Kullervon nuolenkärjiksi
Mustiksi rakeiksi / turmiollisiksi

Onko nyt aika

Satahankainen
Veteen vetää
Kymeä alista / kohti saarta vedenalaista
Soudella

...

Verenseisauttajan viitta
Punainen kuin syksy
Hannunvaakunasoljen irroittamana
Länsituulen riepottelemana

Vesilintujen järvi jäätyy kiinni

PUOLIVERINEN

Kuu oli aurinkoni
Sammaleeni ei ollut vihreää
Punaisena kuin veri / Tuonen rantakivillä
Se kasvoi

Äitini oli peikon jahtaama
Kohdussa viihdyin vain kuusi kuunkiertoa
En viihtynyt auringon / vain sen pienemmän seuralaisen
Heijastuksessa

Punasilmäisen oksasta versoin
Veressäni / maata ja tulta
Puoliverisen multaa
Suonissani

Itsekin uskoin
Olin kuin Tuonen rantakivien koloon / heimoni heittämä
Nousuveden viemä
Mätä omenankara
...
Kun pahantekijäni minua jahtasivat
Sulaan heidän kelkkansa johdatin
Kun minulle kauniisti sanottiin
Käännyin pois

Puoliverinen

RAJASAMMAL

Toisella kirves
Toisella kilpi
Toinen hyttynen / toinen kämmen
Sinä olit äidin minä olin isän / sukumme Rajasammal

Yhdessä tanhuavilla leikimme
Saloilla taistelimme
Yhdessä vertamme ...
Valutimme

Yhdessä otimme tähän maailmaan
Maksamatonta velkaa
Mutta vain toinen / sen kuunsiltaa pitkin matkaten
Takaisin maksoi

Sinä olit äidin
Minä olin isän
Toinen oli hyttynen
Toinen oli kämmen

Sinä olit kajo
Minä olin varjo
Suuren kunnian
Tulevaisuuden
...
Naavapesässä / kätkössä
Piilossa männyn ruohopilvessä
Salanuolilla kauhua sadettava
Jousiampuja

Kylä huusi jousiampujan jousiampujaa
Pelko jäädytti Kalevaa / kuin talven lumi
Pilttejä neitoja uroita metsäsätettiin kuin
Hirviä peuroja oravia / kauhun valkea viitta yllä

Jousiampujan jousiampujaa / tarvittiin

Tuli tulen käristää
Vesi veden hukuttaa
Maa maan hautaa
Ilma ilman tukahduttaa / jousi jousen

Ukkokuusen latvasta / ylimmästä oksasta
Kultaiseksi vuollusta Kaaresta
Jousi jolla voi ampua vaarnoja väkäisiä
Väkeviä

Kuka jaksaa jännittää jousen / toisenkin kerran
Kenen käsi ei täräjä / vain väsymyksestä
Kuka uskaltaa / myös itsensä voittaa
kenen voimasta

Jousiampujan jousiampujaa / tarvittiin
...
Toisella kirves
Toisella kilpi / sekä kuusinen jousi
Kaksi polku kylältä
Pois vei

Toinen oli pehmyttä hiesua
Toinen oli kovaa terävää kiveä
Hiehonnahkasaappaan läpi
Iskevää

Toinen polku täynnä peipon laulua
Toinen polku täynnä linnuttomia mäntyjä
Siellä kaikki oli turhaa kuin mutajärven särjen suusta
Pullistuva kupla

Jousiampuja ampui
Kaatui / punaiseksi värjäytyi
Rajasammal

...

Post scriptum
Runo on omistettu, liikuttuneena, kaksospojille Einolle ja
Ilmarille ja heidän ikuiselle keskinäiselle taistelulleen.

RATTO

Väinämöinen / Joukahainen
Laulavat
Sormet sointuvat kädet kätevät / yhdessä
Siman vierteen voimalla / olutseppä Osmottaren

Laulavat esi-isästään
Kalevasta
Ratoksi kylänväen...
Pitkän vihaisen kylmän talven

Siman vierteen voimalla
Laulavat / kuinka Ikikarhun avulla
Kalevasta / Tietäjä ensimmäinen
Hannunvaakunan kantaja

Ikikarhu auttoi
Löytämään
Syntyjä sanoja alkuja
Jumaltenkin tavoittelemia

Etsiminen / syntyjen sanojen alkujen
Jumaltenkin tavoittelemien
Kaikki vastukset kestämään
Saattoi
...
Väinämöinen / Joukahainen
Näkymättömällä kädellä
Jouhen karhean / hallavan harjan
Miekalla / ihmisten tekoja suuremmalla / katkaisevat

Ratoksi kylänväen / Kalevan
Pitkän vihaisen kylmän talven

Laulavat
Suohon upotetusta
Kaiken kostavasta
Epatosta

Laulavat
Veden kyystä / Gäddasta
Rantavesien
Valtiaasta

Laulavat
Haapion kovertamisesta
Vesipelin
Rakentamisesta

Väinämöinen / Joukahainen
Iloksi vietteeksi ajan
Munan solmuun loitsivat
Kädettä solmivat

Ratoksi kylänväen / Kalevan
Pitkän vihaisen kylmän talven

RAUTAHAMMAS

Synnyin hampaat valmiina / sammalsuussani
Äitini ei kestänyt hampaita rautaisia
Verisiä nisiään
Kaluavia

Akalle metsän / minut luovutti
Hirviemojen lypsäjälle / naamallaan paiseita kuin
Ohrapuuroa
Sarvipäiden rasvaista maitoa
Totuin juomaan

Mesimekkoon minut puki / Akka metsän
Syötiksi eläväksi / kaksijalkaiseksi
Karhunpyydykseen laitatti
Rettelöhumalaisilla orjillaan

Karhulla jo hunajaa viiksikarvoissaan
Näin / ohton silmissä itseni
Näki / kontio silmissäni itsensä
Loukko kolahti alas

Kaksi sisään
Yksi ulos

RAUTANEITO

Yhdeksän / yhden väkisin / villavuonan kerii
Yhdeksän / hauskaa pitää
Yhdeksän / nauraa veri-ikenin / yksi ei itke
Nuori neito / kuin varpusen pääluu hento

Nuori neito
Vuona hiekkaisen villansa vaattensa / rantakivelle
Jättää / kuin hyvästiksi suvelle
Järveen astuu upottautuu

Vellamon
Aalloille antautuu
Veden emännän mättäillä
Neidon pieni marja / kastuu

Neito
Villatta vaatteetta / ylös
Järvestä nousee / kylmänä tyhjänä
Kuin loskaan tallottu jälki

Ei tuoksu enää tuulen tuomilta kukilta
Vaan Tuonen tuomelta / surulliselta
...
Etsii kaveet
Rinnoillaan imettävät
Luonnottaret
Kalevan povettaret

Mustaa maitoa
Ajalta ennen alkua
Meltorautaa / kuunpimennyksestä taotusta nännistä
Ryystää

Valkeata maitoa
Ajalta ennen aikaa
Terästä / karkaistusta yöpakkasen nisästä
Imee

Verisekoa maitoa
Ajalta ennen myllerrystä maailman
Rääkyrautaa / arpeutumattomasta tissistä
Juo

Ei ole enää varpusen pääluu hento
Rautaneito / kylmä jäätynyt kivinen koski
...
Nuolenkärjissä / naarashauen hampaissa
Myrkkyä herhiläisen
Mustaa mettä
Mehiläisen

Nuolenvarret / rotankarvasiipisiä tuomisia
Huuhkajakatseisia
Pahoja tekoja tehneisiin / jalkoväli risuihin
Osuvia

Rautaisen esiliinan
Punainen raita metsäpalosta raivoavasta
Musta raita kaskimaasta poltetusta
Valkoinen raita kuolleesta lumikosta

Raskaan kurikan
Hurjan kuin marrasmyrskyn
Kylmettävän kuin räntäsateen
Nostaa

Kostoa ei aseetta
Esiliinaa rautaista / tehdä
...

Ei auta / yhdeksän
Kostoa paeta
Tekoaan sovittamatta
Katua

Turvaa ei anna
Petoja vilisevä mäntymetsä
Vaikeasti noustava vaara
Hyttysmuurinen pitkospuuton leton pirtti

Nukahtamalla
Yhdeksän / esiin manaavat
Painajaisen raskaan pelon / Unen pitäjän
Rautaneidon

SANATON LAULU

Kurjet leyhyttelevät
Muuttosiipiään / syksysulkaisia
Riitteisellä kylmällä
Auer suolla

...

Tietäjä
Vihamiehiään on laulanut
Lettojen / turveniittyjen eksyttäviin
Virvatuliin

Laulanut
Puhuvien pakinoitsevien mallastynnyrien kanssa
Kuolemattomuutta tuovien eineiden atrioiden
Pidoissa

Laulanut
Kultaisella kurikallaan / lyhyellä mutta paksulla
Vihamiehiltään / kateilta
Rikki rintalastat

Laulanut
Kuolleesta lappalaisesta noidasta
Vedetyn nuolen / omaan viineen laitetun
Kokkolinnun nokkaan

Laulanut
Ynglinga-soturin kypärän harteilta
Kuin tatin sienilakin
Metsän mättäältä

Laulanut
Maineteoistaan
Kuin tähän maailmaan syntymättömistä
Pojistaan / kalevalaisista

...

On aika
Jättää hyvästit maailmalle / jossa omaa
Voidaan lisätä
Vain toisen omaa / vähentämällä

Ampua pihlajapuunuoli
Marraksen värit metsikköön
Puristaa pihlajan veritertuista / kypsistä
Ehtoomalja

Ei heijasta
Kuukiekko aurinkoa enää
Himmenee
Tietäjän polut

Asettuu istumaan
Keltapunaiseen lehtikasaan
Irrottaa soljen viitasta / huulilla laulu sanaton
Hengitys viimeinen

...

Vanhin / harmain
Entinen kurkiauran kärki
Taivaalle katsoo / muut ovat jo lähteneet
Muuttomatkaa viimeistä / tehdä ei siivillä

SUOHON UPOTETTU

Isäni ei minua nimennyt
Vuolemaan opettanut
Sanoja alkuja syntyjä laulanut...
Kannelta / kirjoa soitellut

Risun paksuisille ranteilleni
Nauroitte
Metsäjäniksetkin eteeni
Papanoivat

Minua isätöntä kiusasitte
Kävyillä homeisilla heittelitte
Pääni likolampeen painoitte
Ei ollut minulla isältäni saamaa / puukkoa

Isätön olin / pahan kylän
Suohon minut upotitte
Jumalille uhrasitte
Paha kylä
...
Suosta vielä käteeni miekan etsin / iskuraudan
Ihmistä mahtavampiin tekoihin taotun
Miekalla katkaisen metsän kaikki puut
Pienet ja suuret

Pienenä haaveilin tulevani suureksi
Kaskenkaatajaksi koskenperkaajaksi / nuottakuninkaaksi
Nyt itkuni / lohtuni / kasvattaa taivaanvalot pimentävän
Suuren tammen / Kalevan kukan

Suosta käteeni Kalevan miekan löydän
Kärjessä talvikyyn myrkkyä
Terässä karhunkynttä / pöllön yökatsetta
Hauen hampaan pahuutta

Isätön olin / pahan kylän
Suohon minut upotitte
Jumalille uhrasitte
Paha kylä
...
Miekalla
Kostan kaiken / kaikille
Hyvitän kaiken / kaikille eli itselleni
En ollut yksinäinen / minulla vain ei ollut ketään

Suonisilla
Turpeen hajuisilla sormillani
Jännitän jousenjänteen / hiidenhiuksisen
Ammun / tähdättyjä / mustia kirokärkisiä oksanuolia

Isäni puukolla
Taivaan valot pimentäneestä
Tammipuusta
Vuollulla

Isätön olin / pahan kylän
Suohon minut upotitte
Jumalille uhrasitte
Paha kylä
...
Kostan kaiken / kaikille
Hyvitän kaiken / kaikille eli itselleni
En ollut yksinäinen / minulla vain ei ollut ketään

Kalevan suokukka

Post scriptum

Rautakautisena / kalevalaisena / aikana suku, kylä tai yhteisö saattoi uhrata sosiaalisesti hauraimpia ja heikoimpia suohon - varmistaakseen etenkin sotamenestyksen. Turisas oli sodan / kalevalainen / jumala.

SUOPETÄJÄ

Suulle ja sotaan kohotetut tuohitorvet
Soivat verisesti kuin kirveet
Heimojen välissä
Sotasoihtujen veljessota

Uusien varispoikueiden / mustien silmien tarkkailemana

Kalevan metsän puut / kuin taivaan vaahtopäiden
Salakareja keihäänkärkiä
Havuväkäsineen ylös / kohti jumalia
Nostettuja

Harmaaviittainen pienivartinen
Takaa loppuun ajettu
Suopetäjää vasten
Vartensa nojaa / rusikoitu

Kiven takaa ammuttu pihlajanuoli / iskee kuin näätä
Mustan maksan huohottavat keuhkot / lävistää
Ampuja irrottaa nuolet / pedonhampaiset
Suopetäjän juurelta / turpeelta

Suopetäjästä
Kirveellä
Uuden keihään
Karsii
...
Suulle ja sotaan kohotetut tuohitorvet
Soivat verisesti kuin kirveet
Heimojen välissä
Sotasoihtujen veljessota

Kihlat moneen kertaan / murrettu
Pantit / tapettu
Navasta varpaisiin nyljetty
Kesyyntyneiden kettujen aikana

Murtuneen keihään / katkenneen jousen
Särkyneen kirveen oksalla
Harmaa pieni harvoin nähty harvoin kuultu
Pohjan satakieli / kaunokieli

Väsymätön laulaja

Uusien varispoikueiden mustien silmien
Tarkkailemana
Kesyyntyneiden kettujen
Aikana
...
Villiintyneiden peltojen aika / varjottoman valon aika
Villiintyneiden kynnösten aika / kylmien käräjäkivien aika
Sammaloituneiden kiviperustusten aika
Kolme talvea ilman kevätpurojen juoksua

Fimbulsvinter

OSA III

TAKAISIN TULLUT

Jumalat laskeutuivat levolle
Kielelleni
Ruoste karisi vanhasta
Sanasta

Ikijää ystäväni
Kohina korvissani
Pelkäävän soturin hengitystä
Puhetta pimeydestä

Kädet savukeppejä / jalat tuhkapatsaita

Kiveksiäni särki
Kuin kuparinokkaiset käenpoikaiset
Hakkaisivat läikikkäitä munankuoriaan
Rikki

Huusin pilvet ylös ylös
Kauas pois pois
Nukuin / pois
Rintaani vasten
...
Ajatukseni hilattiin jään alle
Kuulin
Puhetta pimeydestä
Hiljaisuuden ontot sanat

Jumalat laskeutuivat levolle
Kielelleni
Ruoste karisi vanhasta
Sanasta

Huusin pilvet ylös ylös
Kauas pois pois
Nukuin / pois
Rintaani vasten

MIETISKELYMETSÄ

Silmien kuljettamin
Poluin / eksyt
Se juo janoonsa
Verta
...
Pesin kasvoni / kusemassani lammikossa
Lähdin uhraamaan
Ruumistani haaskaksi
Mietiskelymetsään

Ennen siirsin puronuomia katseellani
Nyt keltainen vesi
Valui säärtäni pitkin
Nuolenkärkeni / litistynyt
...
Metsän puiden oksilla
Retkotti ruumiita
Verenpisarat valuivat
Sammaleelle

Sammaleen alla
Talo
...
Piirsin
Kierukepilläni
Mutkikkaita viivoja
Maalattiaan

Itkin urat märiksi
Ne alkoivat kiemurtelemaan
Luikertetelivat ylös
Mietiskelymetsään

UUDET VAATTEET JA ASEET

Vain kärpäsparvi / toivotti sontaisella surinallaan
Palaajan tervetulleeksi
Auringon / punaisen taivaan kaivon / perkeleellinen
Porotus
Ei härinnyt enää

Vaatteet ja aseet olivat uudet

Vastasyntyneenä / puri itse napanuoransa poikki
Hyppäsi / hakemaan tulleen kotkan selkään
Lensi pois aurinkoon / nauraen
Palasi yksiluomisen saalistajan silmin

Kaikki hänen ympärillään
Oli heikkoa ja rapistuvaa
Sahtipirtin kattoparrukin / mihin köyden kyistä punotun
ripusti
Hauras kuin jauheeksi kuivunut veri

Pihkankirpeä kousa pöydällä
Turman ja surman linnut kuumalla taivaalla
Ilta oli jo käynyt ruokapöytäänsä / aloittanut päivän
paistamisen
Ilojen pureksinnan

Nousi sorasta
Polviin vyötäröön hartioihin
Itseään vahvempia voimia
Uudet vaatteet ja aseet
...
Vain kärpäsparvi / toivotti surinallaan
Palaajan tervetulleeksi
Auringon perkeleellinen porotus ei härinnyt / enää
Vaatteet ja aseet olivat uudet

POISTUMISPOLKU

Joiduit
Havaituksi
Piriitetyksi / kutsuit taivaan jumalaa
Luoksesi

Villisian rasvalla olit
Reitesi hieronut
Reitesi sytytit

Se oli merkki
Tovereillesi / tulinuolisateeksi

VEDESTÄ TÄYTTYVÄ VENE

Ei haitannut
Vedestä täyttyvä vene
Tähtitaivas / kirkas
Luotin jumalaani

Ei haitannut
Vedestä täyttyvä vene
Polkuni saattoi olla myös vetinen / umpeutuva
Jumalani Ahti
...
Palava vene
Tyhjä vene
Aaltoihin murskautuva
Vetisten polkujen uisko
...
Uuden rannan merilinnut lensivät ylläni
Uusi maku meren suolassa
Uusia kaloja verkossani
Ei haitannut vedestä täyttyvä veneeni

Vedenalaiset haakset
Ystäväni

REUNAA VAILLA

Veneen varustin
Lähdin matkaan
Minne Väinämöinenkin
Kurimuksen kurkkuun

Valtava aukko / reunaa vailla
Imi Laivan
...
Lähdin merelle / ennen hälvettä aamukasteen
Suurelle merelle
Minne pidätetyt
Kyyneleet valuvat

Valtava aukko / reunaa vailla
Imi laivan

Palaanko / kuin Väinämöinen

TIETÄJÄ PALAA - KANNELMÄKEEN (runonovelli)

UHRIAITTA

Salaisessa metsän sopukassa
Tuhat vuotta vanhassa
Kymmenesti uudelleen rakennetussa
Muutetussa

Näkymättömien muinaisten miesten
Uhripaikka
...
Sinne viedään ensiannit
Pelättyyn paikkaan
Uhriaittaan
Minne kukaan ei mene / yksin

Esikoisen synnyttyä
Suvun miehet tarpovat / pelättyyn paikkaan
Uhriaittaan
Minne kukaan ei mene / yksin

Suvun miehet
Uhrin antavat / jotta suvun ensiantia
Muinaiset miehet
Eivät vaatisi

Tuolle puolen / kallioputouksen
Vetisen verhon takaiseen
Suureen metsään esikoista
Veisi
...

Eivät löydä uhriaittaa
Mihin antimensa laittaa
Moottoritie on rakennettu
Pelättyyn paikkaan

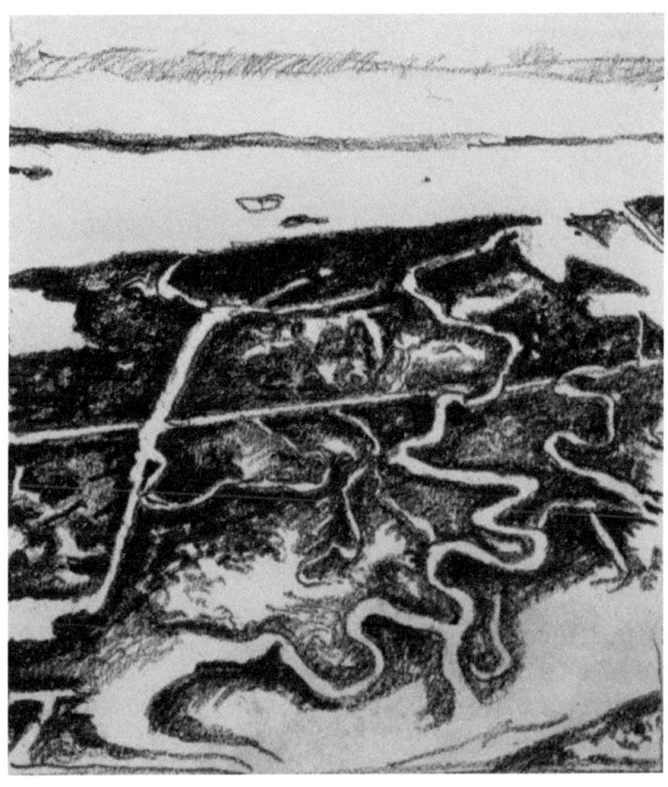

KALERVO

Kalevan suvun pienimmälle
Koulukiusatulle / yksin pihalle jätetylle / Kalervolle
Ilmestyy unessa
Pieni puhuva valo

Unen / pieni lepattamatonta varjoa heittämätön
Puhuva valo
Sanattomasti olevansa kertoo / edellä kulkija Kalevan
suvun
Hyvä varjo / varjoton

"Olen / tuulettomassa ikuisen yön pimeässä
Kuolleiden kylässä
Sinun on tänne tultava
Minuun tuli tuluksilla iskettävä

Kuolleiden kylän ikkunattomat töllit / ovettomat aitat
Poltettava
Muinaisten miesten ensiantien vaatimukset
Lopetettava

Kalevan suvun esikoiset / pelastettava

Mene Pelimannintien Klaneettitien
Näkymättömän
Alas pohjoiseen suuntaavan
Kolmannen tien risteykseen

Löydät sieltä / kinnaskätisen kiven päällä istuvan
Ukon
Haltijan hattupäisen
Tietäjän apulaisen"
...
Haltija / punaisista marjoista raskaista

Yhteen taivutetuista / pihlajista
Puutemppelin
Sormitta rakentaa

Kalervolle
Haltijan tulukset / martovartisen ikiroutakärkisen
Tierakeihään
Sormitta ojentaa

Rintaan
Mustavalko tuohisen
Panssarin
Vasaratta takoo

Matkalainen / nyt on valmis
Alas ja pohjoiseen / tielle
Pöllöt liitävät siellä
Levittämättömin siivin

Huutoon / vastaa vain siellä
Luolakaiku
Solakaiku
Järvikaiku / kalman soinniton vastaus

Konstivakkasen / pienen pussisen
Tietäjän taikaa / Kalervon vyölle / lainaa
Turvaksi tielle Tuonen
Tulisihan Kalevan suvulle huomen

Aukeaa kolmas tie / silmälle näkymätön
Päättymätön / alas ja pohjoiseen
Kaikuun risaiseen / heijastukseen repaleiseen
Tuonpuoleiseen äärietäiseen

SUURI METSÄ

Missä mikään
Ei koskaan / oikeasti / unohdu
Kaikki löytyvät kuin / mädäntyneen sammaleen alle
Piilotetut kätköt

Suuri metsä
Täynnä omaan alkuunsa päättyviä
Nimeä vailla olevien / ällötysten / tallomia
Polkuja

Varjoton vain
Voi viitaan eksymättä
Silmiään sulkematta
Kulkea

Suuri metsä
Vihreä ruskea
Painajainen
...
Konstivakkasen taioilla
Tuonen teillä / siipioravaksi
Latvasta lahosta / latvaan katkenneeseen
Tupsukorvana liitää

Rikki lyödyn raudan väki
Hiiltyneen tulen väki
Kiinni ei saa
Kalevan poikaa

Varjoton vain
Voi vihreän viitan kuun / aurinkokiekon valossa
Kulkea / kolmannen tien takanaan
Sulkea

Suuri metsä
Vihreä ruskea
Painajainen

PIHLAJALINNA

Etäisyyksettömyyksien loputtomuuksien jälkeen
Edessä / Kuolleiden kylän Pihlajalinna
Värittömän Tuonen narttun haukkuma
Vartioima

Linnan muurilla
Varjoa vielä heittämätön
Keihäs yksinäinen / odottaa seuraavaa / päätä irti
hakattua
Kalloluita myöten / päälakeen painettua

Linnan muurilla
Kirjokannen takojia päättömiä / kuolleita Tietäjiä kalmoja
Tuonen virsiä soittavia
Tuulikanteleita

Pelko
kylmää luuytimet jäsenet
Jäädyttää hiukset / notkistaa polvet
Sisään hengitetty / ei enää tule ulos

Pelko
Kuin jähmettynyt metsäjäniksen rampa poikanen

Pelko
Kuin pakoon juokseva sairas metsäkauris

Pelko
Herättää loskaisesta pesästään / keihäillä tökityn
Karhun
...
Kuolleiden kylän asukkaat

Työskentelevät
Rikkinäisillä työkaluilla
Lusikoivat keittoa luista jänteistä
Nälättä

Nukkuvat
Ruhjotuista nikamista sääristä poskipäistä
Sijatuilla lankuilla
Unetta

Katajan havuilla vuoratut kehdot
Kädettä keinuvat

TIETÄJÄ PALAA

Tuulettomuus
Vihreää viittaa heiluttaa
Yön pimeys / sytyttää
kuun valon aurinkokiekon

Karhua on Kalervossa
Tuluksien tulta vyössä / martoa keihäässä
Tuohipanssaria rinnassa
Karvaisessa

Väritön
Ruosteisia haravia heilutteleva
Tuonen narttu

"Tule tänne varjoton / kosiotarjokas
Tule lämmittämään kylmää kylkeäni
Imemään / kovia / maitoa valumattomia
Vaskinisiäni"

Rakkauteni on pohjoista
Lempeni maanalaista"
...
Tuonen narttu / Pihlajalinna

Pistosnuolen / Tuonen pihlajasta
Mustan joutsenen höyhenistä / sulitetulla
Hiiden peräsuolijänteellä / jännitetyllä
Kalervoon tähdätyllä / haravasormin ampuu

Pistokset pihlajan
Tuohiseen panssariin / karhun karvaan
Myrkkyään eivät pääse levittämään
Sydämeen

Kalervo / tierakeihään / ikiroutakärkisen martovartisen
Tuonen nartun / pihlajalinnan
Vittuun kiimaiseen
Työntää

Pihlajalinna / eloton
Siellä puhuva valo / varjo varjoton
Kalervo varjoon varjottomaan astuu
Tuluksilla tulta lyö
...
Tulilintu kipinänokkainen
Tuluksista isketty
Kuolleiden kylän tulimereksi polttavaksi
Rovioaalloksi hukuttaviksi

Kuolleiden kylän yli lentää

Kalman väki
Mustat ruunansa rekiensä / vanoja jättämättömien / eteen
Valjastavat
Pakenevat

Kalervo
Palaa / kaksihahmoisena
Palaa / hannunvaakunaisena
Kannelmäessä on uusi Tietäjä
...
Tuonen pihlajan myrkky
Kalervon tietämättä
Karvassa harvassa
Piilossa / kuin kyy kanervikossa

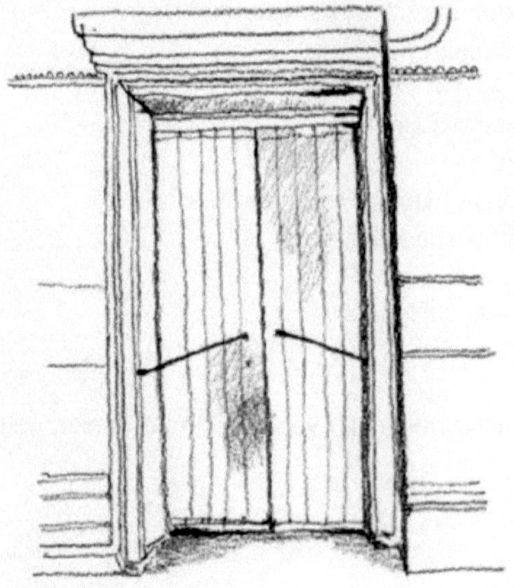